〈緊急発刊〉

ザイム真理教と闘う!救民内閣構想

国民負担を減らし、日本を元気にする秘策

森永卓郎　泉房穂

Morinaga Takuro　Izumi Fusaho

ビジネス社

はじめに

森永卓郎

泉房穂さんとお話しして感じたのは、日本にも、ようやくまともな政治家が登場したなということだ。泉さんの主張の根底は、市民あるいは国民が幸せになることを最優先した政策だ。一見、とても普通で、既存の政治家も、選挙のときには、同じようなことを言う。ところが、選挙が終わった途端に、財政当局や業界からの圧力に屈して、あるいは自分の利益を優先するために、市民や国民生活のことが二の次になってしまう。

ところが泉さんは、明石市長を務めた12年間で市民生活の改善を最優先した政策をブレずに実行し続けてきた。そして、そのときに確立した政治手法を用いて、10年計画で日本の経済社会全体を変えようとしている。しかも、その改革は、選挙を通じて、段階的に構造転換を図るという、とてつもなく「まとも」なものだ。

私自身も、国民生活最優先の政策に転換すべきという思いはまったく同じだ。ただ、そこに向けての取り組みは、泉さんとは全く異なる。泉さんが、いわば「正規軍」をつくろうとしているのに対して、私がいまやっているのは「ゲリラ戦」だ。

ゲリラ戦に取り組む理由の一つは、私が終末期のがんであることも影響している。あとどれだけ生きられるかは、正直言ってよく分からないのだが、10年後まで生き残れる可能性は、ほとんどないので、短期勝負に出ざるを得ないのだ。

もう一つは、私の信念として、これまで一貫してやってきたのが、「誰とも共闘しない」ということだ。共闘をすると、仲間に巻き込まれてしまうリスクがあるし、自分が仲間を巻き込んでしまう可能性もある。そして仲間をつくるということは、仲間以外を「仲間外れ」にすることを意味する。私は常にオープンでいたいのだ。オープンでいないと、正確な政策評価ができないからだ。

その意味で、オープンな立場からみても、泉さんの「救民内閣構想」は、閉塞感が広がる日本にとって、希望の光となる実に出来のよいグランドデザインだと思う。論理的で、実績を踏まえた実現可能性があり、何より国民生活を確実に改善する力を持っているからだ。

だから、私は泉さんの改革に心から期待しているし、成功を祈っている。ただ、その一方で、例えば泉さんの政治活動に参加する人に選挙で推薦を出したり、応援演説をしたり、ましてや私自身が活動に参加することは、絶対にない。そんなことをしたら、せっかく生まれた本当の改革ビジョンが、私のせいで壊れてしまう可能性があるからだ。

泉さんは、とてもバランス感覚にすぐれた人で、どこまで言ったら、マスメディアで干されてしまうかをきちんと計算して、干されないギリギリのラインで発言を続けている。一方の私は、リミッターを完全に外してしまったため、すでに大手メディアの報道・情報番組や記事からは、完全に干されている。

だから、私の役割は、救民内閣構想が確実に歩みを進められるように、単独ゲリラとして、既得権益者たちに先制攻撃をかけることだと考えている。泉さんは長距離ランナー、私は短距離ランナーだ。短距離ランナーは、食事や水分補給のことなど考えない。息継ぎのことさえ気にせず、ただただ全速力で走り抜けることだけを考える。

だから、泉さんと私の活動は、一見、何のつながりもないようにみえて、実は目指しているゴールはまったく同じだったということが、後から判明する。それが、私が考える泉さんの救民内閣構想への最大の応援だと考えている。

そうした背景があることを前提に本書を読んでいただければ、２人の発言をより深く理解していただけると思う。

ザイム真理教と闘う！　救民内閣構想

目次

第7章 政治の力を信じるために

第8章 次世代へのバトンタッチに際して

第1章

政治主導で健全な財政を取り戻す

国民負担を抑えるための財政政策とは

泉　あこがれの森永さんとお会いできて感激です。

森永　大学も一緒ですしね。泉さんは学生時代に東京大学の駒場キャンパスにある駒場寮にいらしたとか。

泉　当時は1か月の寮費が2000円で、お金のない学生にはありがたかったです。

森永　我々の時代は「地獄の駒寮」と呼んでいて、日中からタバコの煙と酒とギターと麻雀三昧だと聞いています。

泉　1年生の時に寮の委員長に立候補しまして、寮の改革にも取り組みました。ところが2年生の時、大学側が老朽化した寮をつぶすと言いだしたので、「それはおかしい」と立ち上がり、授業のボイコット運動をしたこともあります。一時は覚悟を決めて退学届も出したのですが、結果的に退学届は受理されなかったんです。

森永　卒業後はNHK、テレビ朝日を経て弁護士に。でも、教育学部のご出身なのに、よく司法試験に合格されましたね。

泉　根性だけはあるんです。

森永　何といっても泉さんが一躍有名になったのは明石市長としての実績です。自治体としてはベストな戦略だと思うのですが、それと同じことを国でもできるかというところです。以前から、日本を改革するための「救民内閣構想」プランを公表していらっしゃいますが、まずお聞きしたいのが財政政策についてです。

ついに終焉を迎えた岸田政権は、とてつもない財政緊縮を続けてきました。さかのぼれば安倍政権末期の２０２０年度、時期的に新型コロナ対策費の影響もあったわけですが、国の一般会計の基礎的財政収支（プライマリーバランス）は80兆円の赤字でした。

それが来年度は一般会計ベースでいうとわずか4兆円。つまり5年間で76兆円という、日本の歴史上でも最大の財政緊縮をしたわけです。ついに、地方分込みで黒字化するところまできている。しかし、その裏で国民生活はどんどん疲弊していっています。

そこで、泉さんが総理大臣になったとしたら、財政政策をどのようにしていきますか。

泉　必要なのは国民の手元にお金が残るようにすることです。今の政治状況は国民の幸せとか、安心にまったくつながっていません。

基本的に政治の目的は国民を幸せにすることであって、不幸にするような政治をいつまでも続けてはいけない。国民の生活をしっかりと支えるために、国民の生活実感とか、地に足の着いた生活感覚といったところから政治を発想するほうに舵を切る。そうした転換ができるかが問われていると思います。

森永　具体的に注目すべきは国民負担率でしょうか。税金と社会保障負担が国民所得全体に占める割合が、現在はほぼ5割に近いですが、これから防衛費の増大のみならず、少子化対策の財源を社会保険料に求めていくなど、さらに増えることが予想されます。

泉　そうですね。国民負担率は、私の子供時代は2割ほどでしたが、今やもうほぼ5割になっていますから。

森永　まさに江戸時代の「五公五民」ですよね。それまでは収穫したコメの4割をお上に納める四公六民だったのが、幕府の財政が悪化して五公五民に引き上げた。生活ができなくなった農民は一揆を起こしたり、住まいや農地を放棄して逃げ出す「逃散（ちょうさん）」も多かったそうです。

私は小学生の時に見たテレビの映像で、年貢を減らしてほしいと言う農民に、お代官さまが、「農民と菜種は搾れば搾るほど取れる」とつぶやいていたのを、いまだに忘れられません。

泉　今も昔も変わりませんね。庶民・国民は苦しがっているのに、さらに国民負担を増やすというのは、苦しがる国民の首をさらに締めるようなものです。経済を回すためにも、国民の手元でお金を使えるようにすべきです。

森永　どういう手段で国民負担率を減らせばいいと思いますか？

泉　方法は1つではありません。今は給料が上がらない一方で税金が上がり、社会保険料が上がり、各種負担が上がり、物価まで上がる。その結果、国民は使えるお金がどんどん目減りしている状態です。

ポイントはこの5つを組み合わせること。上がらない給料を上げる、税金は上げずに下げる、社会保険料を上乗せせずに抑えるか下げる。そして各種負担では、子育てや介護費用などを軽減する。そして物価を下げる。

これらをいかに実現するかにかかっていると思います。本来、税金・保険料を下げることで負担を下げることができるはずですが、そこをきちんと議論せず、「給料を上げます」と言い続けてきました。でも、そう簡単に給料は上がるものでもありません。また物価についても内外の様々な要素が伴うものですから、同様に組み合わせて考える必要があると思いますね。

森永　岸田政権では、賃金を上げるということを前面に打ち立てていたものの、達成できたとはいえないですね。一方で物価は上がっていて、朝日新聞の分析では、昨年度上がった物価のうち、93％の利益は企業に行っていて、賃金には7％ほどしか還元されていないとするデータがあります。

「もっと国民負担率が高い国もある」という欺瞞

森永　税金についても焦点になると思いますが、そこはどうですか？

泉　やはり見直すべきは消費税ですね。私がよく言うのは、セーフティネットとして生活を支える分野から、税金を過度に取る必要はないということです。少なくとも食料品などの生活必需品への課税を見直すべきです。

森永 海外の税制度で日本の消費税に相当するのが、商品やサービスの取引にかかる付加価値税などですが、食料品など生活関連への税率は軽減税率を設けるか、そもそも課税対象にしないのが標準です。日本のように一律に近い形で取っているほうが極めてレアなんですよね。

泉 おっしゃる通りで、たとえばイギリスは物価が高いイメージがあり、標準税率は20％ですが、食料品などの税率はゼロです。そうしたことを考えると、イギリスと日本の国民負担率は変わらないか、あるいは日本の方が高いくらいでしょう。

他にもアイルランドやカナダ、オーストラリア、アジアでは韓国、台湾、タイなど、多くの国ではゼロか、あるいはかなり抑えていますから、日本は税を取るところを間違えているといえるのではないでしょうか。

森永 消費税に関しては、単純に標準税率だけを比べて「欧米ではもっと国民負担率が高い国もある」として、さらに税率を上げるための根拠にしようとする傾向があります。

でも、一概に税率だけで比べることはできません。たとえば高福祉国家とされる北欧諸国の中で、スウェーデンは国民負担率でみると54・2％（2020年）とたしかに高いものの、自国民であれば公立大学も私立大学も学費が無料です。また、フランスも国民負担率は高いですが、年金の所得代替率も日本とは比べられないくらい高いのです。ですから保障サービスの質やレベルが大きく違います。

泉　少子高齢化が進めば、社会保障の費用が必要になるでしょうが、保険料や税金でまかなえなくなるために借金に頼っていること、将来世代に負担を先送りしていることばかりを強調して、税率の引き上げを正当化しようとしている。とにかく国民負担率を高める方向でしか考えていません。

ほかにも、新たな少子化対策を盛り込むために、国民負担率をさらに高めようというのですから、どこまで国民を苦しめれば気が済むのかと思いますね。

森永　税収自体は上がっているわけですしね。ちなみに私の計算だと、消費税率をゼロにした上で、国民1人あたり毎月7万円の「ベーシックインカム」として一律給付を実施しても何の問題もおきないと考えています。4人家族で毎月28万円入ってくる、そんな国はちょっといいと思うんですよね。

泉　ベーシックインカムに対して、私はノーではありませんが、現金給付よりも、いわゆる「ベーシックサービス」で、様々な費用やサービスの負担を軽減することを提唱しています。

私の考えでは、電気、ガス、水道と移動手段（交通）に関しては、ないと暮らしていけないものであり、税金と同じようにパブリックな意味合いが強いと思います。それなら、税金で賄っていくべきではないかと思うのです。

後でも述べますが、医療や農業に関しても同じです。経済思想家の斎藤幸平氏が、社会で共有すべき公共財を「コモン」と呼び、行き過ぎた資本主義を是正しようとする考えに近いですね。

それに加えて、食料品などの生活必需品への負担も減らす。例えば、女性の生理用品なども含まれます。男性にはまったくわからないことで、明石市では職員の提言で始めたことですが、ニュージーランドやアイルランドもやっていることなのだそうです。そこで明石市では、小学校、中学校の女子トイレに生理用品を無料で置いています。

生きていくのに誰もが必要になるものは、国民負担として集めたお金でやれるはずだし、それこそがベーシックサービスです。

実際、明石でもよく言っていたのは、「市民の皆さんはすでに税金や保険料などの負担をしている、つまり前払い済みなんだから、二度払いしなくていいのだ」ということです。

たとえるなら、東京ディズニーリゾートやユニバーサル・スタジオ・ジャパンの年間パスポートを持っているのだから、最低限の支払いはもう済んでいる、特別なショーやアトラクション以外は追加で支払わなくていい、という言い方をしたのです。そこはかなり理解してもらえました。何をどう配分していくかは、予算の使い方をよく考える必要があるとはいえますが。

森永　無駄遣いを削るだけでも財源は出てくるものです。半導体の企業の工場誘致は注目されましたが、私から言わせると、失敗するのが確実な半導体ビジネスに何兆円、あるいは宇宙開発に何千億円とつぎ込むよりも、必要なところにかけていくべきなのです。

泉　私はよく優先度という言い方をしますが、それでいうと優先度はやっぱり国民です。

その国民が苦しんでいるのですから、そこにお金を一気に投入すべきです。

森永　景気をみても実質賃金は2年連続で下がり続けていますし、消費は連続で減り続け、明らかにデフレが続いています。それなのに、政府は賃金が上がれば全部解決するなどと言い続けてきました。

泉　おっしゃる通りで、問題は実質賃金だけに限ったことではありません。繰り返しになりますが、物価がこれだけ上がっている時代なのですから、国民一人ひとりの負担減が欠かせません。

プライマリーバランスのための政治ではない

森永　岸田政権が誕生した最初の時点では、「分配なくして、次の成長はない」と言って、さらに「若い世代の所得を増やす」として、国民の手取りを増やすことを示唆していました。それで私も非常に期待したのですが、結局は財務省のいいなりになって、「増税クソメガネ」に成り下がってしまった。

財務省が教養のようにふりかざす「財政均衡主義」の圧力は徹底しています。「プライマリーバランス（基礎的財政収支）の大きな赤字は日本経済を破滅させる」として、それを黒字化させようと、徹底した緊縮財政を押しつけてくるわけです。プライマリーバランスは、政府の歳入と国債費を除く歳出との間の収支で、必要な政策的経費を税収などでどれだけまかなえているかの指標です。

彼らの主張によれば、日本の財政は深刻な赤字に陥っていて、このまま国債の残高が増えていくと、いずれ国債や為替が暴落し、ハイパーインフレが起こるといいます。

しかし、安倍政権の時に日本銀行の黒田総裁が異次元の金融緩和を打ち出し、実際に2016年までは年間80兆円ほどの国債を日銀が引き受けていましたが、そんなことは起こりませんでした。

泉　アベノミクスは金融緩和、財政出動、成長戦略の三本の矢といわれましたね。日本経済をデフレから脱却させようとした。

森永　しかし、消費税率の引き上げが、足を引っ張ってしまったのでしょうね。

泉　財政赤字にこだわりすぎて数字合わせを行うのではなく、一旦「赤をかぶった」って、それはトータルの話で何とかなればいいわけです。急いで黒字化しなければいけないものではなく、赤字は当面続いても大丈夫という考えもあります。

とにかく国民が苦しんでいるんだから、国民を縛りあげようとする手を緩める、負担を軽減する必要があるわけです。国民のための政治であって、プライマリーバランスのための政治ではないと思います。

森永　必要な財政支出を先に決めてお金を世の中に流す。その結果、経済が好転し、企業や個人からの納税額が増えることで、プライマリーバランスの均衡がなされる、ということになりますか?

泉　そこは森永さんのほうがご専門かもしれませんが、市長時代の経験から言えば、当時の相手は市役所の財務担当者ですけれど、首をかしげるような発言がよくありました。明石市の財務担当者も、私の顔を見ると「市長、3年後に破綻します」と言うんです。なぜ破綻する計算になるのか、「そんなわけはないだろう」と言うと、今度は実際に破綻のシナリオを書いたペーパーを出してくる。

とにかく住民の負担を増やして、使う金を減らしたいという一種の思い込みのように感じましたね。地方の財務担当者ですらそうなのだから、財務省はもっと上を行くでしょう。とにかく12年の在職期間は財務担当者との戦いでした。

森永　たしかに国のレベルで財務省の場合はもっとひどいでしょうね。「財政均衡主義」への強すぎるこだわりをもとにして、正しい根拠を示さず、ただ一方的に締め付けてくる。だからこそ、『ザイム真理教』『書いてはいけない』でも言い続けたように、カルト教団化していると書いたわけです。

泉　たちが悪いのは、取り巻きの学者やマスコミがそれにひれ伏していることです。とくに大マスコミが〝布教活動〟をしてしまって、専門家の多くが財務省の主張を前提にした解説をするので、ここはもう結構な著名人も、〝ザイム真理教〟に染まってしまう。

森永　まさに布教活動が、政治家、評論家のみならず、マスメディア全部に行き渡っている証拠ですね。政治家で財務官僚が説明に来ていないのは、れいわ新選組の山本太郎氏くらいかと見ています。

泉　与野党問わず、ですね。政治家の全員がザイム真理教の信者とは言いませんが、基本的に中枢部分はほぼ染まっている状況で、それは野党の執行部の大半も同じです。もちろんそうでない方もいますし、自民党に所属していても、中には積極財政を唱えている方もいらっしゃいますが、いわゆる力のある方、実権を持っている人の多くはそうでしょう。

特殊なのは、財務省がバッシングを受けているときは、ザイム真理教に歯向かっているのに、力を持った瞬間にひれ伏してしまう。これが実に不思議で、ケンカを打った瞬間に干されるのか、財務省にケンカを打ったら出世できないのかと思わざるを得ません。

こんな状況が続くと、与野党どちらを選んだところで同じなのだから、国民が不幸になってしまうのではないかと思います。

森永　私は同じことをもう四半世紀言い続けています。あらゆる政党の担当者を説得しにいきましたが、たとえ耳を傾けてくれても、「理屈はわかるが腑に落ちない」などと言う人もいます。教養はかなり浸透している……。

泉　その意味では、私はまだ新しいですから（笑）。心ある政治家が決断して方針転換をすれば可能だと思いますし、私は諦めていません。日本の国はまだまだ復活できますし、国民の生活はまだまだ安心感が戻ってくると思います。ただ、抜本的な転換が必要だと言うほかないですね。

歯向かうと、もれなく税務調査がやってくる

森永　政治家もすっかり信じ込まされ、メディアも丸め込まれて、反論が展開できないでいるにはいくつも理由がありますが、その一つは逆らうと税務調査が入ってくることですね。

例えば東京新聞が消費税増税反対キャンペーンをやった直後に、運営する中日新聞社に税務調査が入った。また、産経新聞で編集委員兼論説委員の田村秀男さんのところにも数人の財務官僚がやってきたとき、彼らの主張を論破したところ、その直後に今度は産経新聞に税務調査が入ったといいます。ここの因果関係は証明できません。もちろん偶然かもしれませんが……。

泉　いや、偶然なわけはなくて……。質が悪いのは財務省と東京地検特捜部ですよ。本当

に大きすぎる権力を持ってしまい、その裁量権が広すぎるので、結局偶然を装って重箱の隅をつつく。そして大きな話にしてしまう典型例ですよね。

森永　財務省のやり口は、例えば予算を決める際にも発揮されています。２００１年に経済財政諮問会議が設置されましたが、設立のきっかけは、「官僚が全部予算を決めるのはおかしい、国民の審判を受けた国会議員から選ばれた内閣が予算の骨格は作るべきだ」ということでした。しかし、その後何が起こったかというと、この経済財政諮問会議は内閣府の所管にもかかわらず、レポートを書いたり、資料を準備するのは全部財務省なんです。

例えば来年度の予算で「社会保障費の自然増は４１００億円に抑えなさい」と言っているんですね。だけど、これ普通に自然増を計算すると１兆円かかるんです。つまり５９００億円足りない。

そこで厚生労働省の官僚はどうするかというと、上限を設ける「キャップ制」の中でやらなければいけないので、結局はサービスの自己負担を増やすとか、保険料を上げるとか、要するに全部国民につけを回すということをするんです。この仕組みを何とかしないといけないと思います。

泉　そこは本当の意味で政治主導が必要になるのではないでしょうか。これまでは政治主導といいながら逆転してしまい、かえって悪い方にいっているわけです。

本当の意味で国民から選ばれた政治家が、国民のために政治主導を徹底する。財務省の思惑に乗り、財務省の軍門に下るのではなくて、官僚がこちらの指示に従わなければ、「にっこり笑って人事異動」を指示すればいいわけですから。

つまり、方針決定権と予算の編成権と人事権の3つの権限は政治の側にあるのです。この3つの決定権を使えば実現可能になります。

私が明石市長の時にしたのも、その3つを使っただけです。明石は市民のために金を使う。特に子どもに金を使う。だから子どもの予算を2倍にする。それに歯向かうのなら、行きたい部署に人事異動をしてあげますよと。

実際に、この3つの権限を活かして、明石は子ども予算をまさに2・4倍に増やしました。もちろん財務担当者の抵抗は半端なものではありませんでしたが、基本的に明石市長時代は財務担当者の自由裁量をなくしました。財務担当部署の予算編成権を取り上げ、「来年から子ども医療費を無償化するとして、そのために10億円がいる、それなら10億の予算を付けろ、以上」と指示して実行したわけです。

積み上げ方式なら絶対にそんなことはできませんから。政治主導によって国民のために方針変換をして、予算を付け替えることが大切だと思います。私は国のレベルでもできると思っています。

世にも恐ろしい「毒まんじゅう」の正体とは？

森永　２０２３年２月に発売された『安倍晋三回顧録』（安倍晋三著、中央公論新社刊）には、「予算編成を担う財務省の力は強力です。彼らは、自分たちの意向に従わない政権を平気で倒しに来ますから」という一節があります。

普通の役所は総理大臣が「こうしろ」と言ったら、その命令を聞いて動きますが、ただ、唯一財務省だけは、総理大臣が言うことが自分たちの政策と異なると、総理大臣を倒しに行く、と書いてあるんです。

泉　以前、対談をさせていただいた京都大学大学院教授の藤井聡氏は、安倍政権で内閣官房参与を務めていましたが、「安倍総理が唯一できなかったのは、財務省に対する指示だ」と言っています。それをずっと後悔されていて、財務省と戦って消費増税の延期は行ったけれども、結局、最後は増税することになり、財務省に勝てなかったと。

あんなに強い人事権を持っていた安倍総理ですら勝負できなかったということですから、やはり簡単ではないのでしょう。

森永　でも、泉さんは「諦めていない」と仰っている。今後の構想については、のちほどくわしく伺いますが、彼らの脅しの手法は様々です。

２００９年に民主党が政権を取って鳩山由紀夫政権になりましたが、すぐに腰くだけになり、結局財務省の言いなりだった。

その原因というのは、鳩山家のありあまる財力をもとに〝子ども手当て〟を鳩山首相がもらっていたことがバレた。それを「脱税であげるぞ」と言われたのではないかと、まことしやかに言われています。

そこで泉さんはどうかというと、相手は財務省ではないかもしれませんが、もうすでに袋叩きにあっている。

泉　ははは。マスコミや一部の政治家からは袋叩きにあいましたが、出直し選挙では市民が味方してくれましたね。

そもそも市長を志したきっかけについては、いろいろなところで話していますが、幼い時からの強い決意がもとになっています。ですから「口が悪い」のは認めますが、カネと女性に関してはきれいなんです。そこはどれだけ叩いてもホコリは出ませんよ。

森永　そこも素晴らしいと思うんです。だいたい官僚の人たちは、嘉悦大学教授の高橋洋一氏によると「毒まんじゅうで殺される」と言うんです。毒まんじゅうというのは、中身のあんが「カネ」、皮が「女」でできていると。それでみんなやられてしまうそうですが、泉さんは大丈夫そうですね。

泉　たしかに「そこは大丈夫」だと、胸を張って言えます。ただ、霞が関のチャンピオンのつもりでいる財務省との戦いは半端なものではなく、本気でやろうと思ったら、5年や10年は戦いが続くかもしれません。

私は中央省庁の再編も必要だと考えていて、財務省の解体が必要だと思っています。

少なくとも財務省と国税庁を切り離す、それはやらねばなりません。

主権は国民にあるわけで、国民から選ばれていない官僚という存在であり、一省庁にすぎない財務省が、選挙で選ばれた政治家の上にいるのは間違いです。実権というものを、言葉通りに取り戻すための戦いは半端なものではないと思いますね。

第2章

医療や農業も広い意味でセーフティネットになる

貧乏人は病気にもなれない時代？

森永　国の一般歳出の中で最も大きいのは社会保障費です。たとえば医療・介護に関して、泉さんはどのようなプランをお持ちなのか、伺いたいのですが……。

泉　私は持論として、先ほども挙げたベーシックサービスへの思いがあり、医療・介護もそこに関わってくると考えています。

ただその前に、森永さんは闘病中でいらっしゃいますし、医療に関してもお考えがあるのではないですか？

森永　そうですね。自分の身に降りかかって初めてわかることもありました。現状について少しお話ししましょうか。

思い返すと、23年の11月に受けた人間ドックがきっかけでがんが見つかり、しかも余命は数か月で「来春の桜は見られないかもしれない」とまで言われました。しかし、ありがたいことに無事お花見もでき、宣告から1年近い月日が経とうとしています。

泉　それは何よりです。

森永　ありがとうございます。当初の診断はすい臓がんでしたが、「血液パネル検査」（がん遺伝子パネル検査）で約80種類の遺伝子変異を調べてもらったら、すい臓がんの場合、95％の確率で検出されるＫＲＡＳ（ケーラス）という項目に、まったく変異がなかったんですよ。

また、すい臓がんに反応する腫瘍マーカーもまったく該当しなかった。複数の医師の診断で、転移したがんがあるにもかかわらず、どこの部位に発生したかわからない「原発不明がん」ということでした。

しかし、がんの種類がはっきりしないと、手術や放射線治療もできないし、抗がん剤も、がんの種類によって違うので使えない。そうすると残る手立ては免疫力を高めるしかないんですね。

泉　なるほど。

森永　そこで、従来の抗がん剤とは作用が違う「免疫チェックポイント阻害薬」と呼ばれるオプジーボの点滴を受けています。これは原発不明がんの場合も、保険適用になるんですよ。ただ、それでも月20万円くらい、治療費がかかっています。

そのほかに受けているのがＮＫ療法。血液免疫療法と呼ばれるもので、これは自由診療なので、月に１００万円くらいかかるんです。

医療費控除の上限は２００万円なのですが、私はもう１か月半で全部使い果たしてしまったうえに、自由診療は高額療養費の対象にもならない。だから純粋に税金払った後の手元に残った金が毎月１００万円ずつ減っていくような状況です。

実は、私は今まで〝どケチ生活〟をしていて、それなりに貯蓄があったのです。さらに、これはラジオなどでも話していますが、２０２４年8月上旬に、とてつもない株価のバブルと円安バブルが起こったので、ほぼピークの時点で全部売ったら数千万円の利益が転がり込んできた。

幸運にもそれらを治療費にあてられることになり、あと3年くらいは生きていける見込みができました。

でも、高額な治療は誰でも受けられるとは限りません。とくにがんになる人は増えていますし、お金のないと治療が受けられない、ということになりかねませんから、医療制度のあり方を見直す必要があると思いますね。

老後資金はいつまで貯めればよいのか

泉　医療制度に対する問題意識として私が抱いているのは、日本は開業医の団体である「日本医師会」の力が強く、その立場を守ることに、重きが置かれていることです。

いざという時、いくら国が明確な方針を掲げても、現実の医療に反映しにくい。ですから新型コロナ感染症の時も、ベッド数は十分過ぎるほどあるにもかかわらず、収容先が足りないという事態が起こりました。

医療はセーフティネットの最たるもので、パブリック化という観点も考えるべきだと思います。医療は効率とかお金儲けに走るのではなく、行政がある程度責任を持つ。簡単に言うと、「医師の公務員化」を進めた方がいいというのが私の考えです。

森永　危機管理という点でも必要ですね。

泉　たとえばヨーロッパでは、イギリスもドイツも医師などの医療従事者は公務員の立場なのです。日本みたいに開業医＝儲かる職業のように思われているケースは珍しいといえましょう。

日本では開業医がびっくりするほど稼いでいて、それを自民党に献金し、その結果、既得権益を守るような政治が続く。それがまわりまわって、現在の医療崩壊にも結びついているのではないでしょうか。

森永　医療・介護とお金の問題は、老後資金や年金制度にもつながりますし……。

泉　そこも安心感を持てるかどうかにかかっていますね。現金給付型ではなく、公的介護保険のようなサービス提供型で、過度な負担のない、自分たちの無理のない範囲で老後も安心感を持てることが重要だと思います。

超高齢社会で老後の期間が長くなる中で、日本人の多くは高齢になってもせっせと貯蓄して貯め込んでいる。経済不安が強いからです。

森永　たしかに、日本では亡くなる直前まで貯蓄の額が減らない、つまりずっと貯め込んでいます。以前に老後資金２０００万円問題というのがありましたが、年金もどんどん減っていきますし、今年行われた年金制度の財政検証でも、最も厳しいケースだと年金給付が半減するという試算があります。

そうなると、老後2000万円どころか、定年の時点から5000万円、6000万円も必要になると言う人もいますし、とてもそんな額を貯めきれるはずがない。

泉 国によっても違いがありますね。例えばアメリカは少し特殊な国で、国民負担率も低いかわりに自由競争、自己責任の国です。日本は社会保障に対する国民負担率が5割と高いのですから、ヨーロッパ並みにもう少し安心のやりくりができるはずです。それなのに、これほど社会保障が足らないというのは、予算の使い道の優先度が、時代に合っていないと言わざるを得ない。

明石市長時代に、兵庫県全体の予算に対して、各自治体から要望を出すため、市町村長の会の会長をやっていましたが、本当にこんな予算を国に要望する場合があるのか、と思うこともありました。取捨選択して方向性を決めれば、一定程度はやりくりできるはずなんですけどね。

森永 仕組みの問題はありますね。例えばスウェーデンは、企業側が負担する社会保険料負担は日本の2倍ですが、働く人の負担は日本の半分なんです。あれだけの高福祉国家なのに、働く人はそれほど負担しなくてすむようになっている。
一方、日本はその逆をやろうとしている。どんどん社会保障の財源を消費税に求めていって、さらに増やそうとしているのですよ。消費税は、結局消費者とか労働者が払う税金で、企業は1円も払っていないわけですし……。

泉　むしろ、そこからキックバックしてもらっているぐらいですからね（苦笑）。まさに「金権政治からの脱却」と「国民負担増政治からの転換」の2つが必要だということを、声を大にして言いたいですね。

本当に今の政治は金権政治そのもので、お金を政治家に渡す側、とくに大企業を向いた政治ばかりするから、国民が負担するお金も、結局、企業の便宜をはかるような形で大企業の内部留保に消えていってしまう。

自分たちに都合よくお金を渡してくれる人のための政治を続けているがゆえに、そのツケが国民負担を増やすことにつながっている。つまり、国民を助けたところで国民からはバックマージンがもらえないから、都合よくピンハネできて、バックマージンをもらえそうな企業のほうに、国民から集めたお金を使う。そうした図式が、経済が成長しているときには見えにくかったのが、いよいよ見えてきてしまっています。

食料安全保障の問題は喫緊の課題

森永　また、突発的な危機に見舞われたり、輸入が絶たれたときに大きな打撃を受けるのが食料の問題です。命にかかわるほど国民生活を脅かすことから「食料安全保障」という言葉があるくらいです。

ウクライナ戦争において、長期にわたりウクライナがロシアに抵抗できている理由の中には、世界有数の穀物の生産国だったことがあります。穀物限定でいうと４００％くらいの自給率があったこともあるでしょう。

それに比べ、日本の自給率は38％しかありません。以前に食料安全保障推進財団の理事長で東京大学大学院農学生命科学研究科の鈴木宣弘教授と対談させていただいたことがあるんですが、鈴木教授は「武器よりも農業にお金を使うべき」だと仰って、強い危機感をお持ちでしたね。

日本国内で育てている野菜でも、タネの自給率は低く、また畜産においても鶏のヒナや飼料も、ほとんど輸入に頼っているため、実質的な自給率は1割を切るのではないかと言われています。

泉　農業もまさにセーフティネットと言ってもいいでしょう。しかし、農業は気候変動の影響も大きく受けますし、今年の夏は、コメ不足も問題になりました。スーパーのコメ販売の棚が、入荷不足のためガラガラに空いていましたね。

森永　これまで政府はコメが余っているからと田んぼを減らそうとしてきました。水田の畑地化による畑作物の本格化に、2023年も予算をつけていますね。これは勘違い甚だしいことです。

食料危機について農林水産省が何を言い出したかというと、もしものときは、かつての食管法（食糧管理法）のような法律を発動させ、農産物を政府が管理して国民に分配するというんです。花を作っている花卉農家でも、いざというときは花じゃなくて芋を植えるように命令を下せば、何とかなると考えている。

私は埼玉県所沢市の自宅近くに60坪の農地を借りて、野菜や果物を育ててきました。

そこで、付き合いのあるまわりの農家の人たちは、「農水省の役人は農業のことを何もわかっていない」と言い放ちます。

たとえば米を作るのだって、まず田んぼを作るところから始めないといけないわけです。そのためには、まずは農業用水を引いて管理しないといけない。その後、土作りも大変ですし、雑草の手入れなど、収穫までの手間は大変です。

一方芋を育てるにしても、葉っぱを裏返したり、手入れをこまめにしていかないと収穫はできない。そもそも種芋はどうするのか、という問題もあるのですから。

泉　私は兵庫県の瀬戸内海に面した明石市で育ちました。質の高いタイやタコが獲れる明石海峡という優良な漁場があって、父も祖父も代々漁師なんです。沿岸で生まれ育ったのですが、まわりは平野だったので農家も多く、子どもの頃は農業と漁業が職業の選択肢という環境でした。

ですから親戚も中学を出たら漁師になっていましたし、農業、漁業などの第一次産業に思い入れもあります。現状で思うのは、未経験者の日本人に、もっと門戸を開く必要もあるのではないかということですね。

でも、最近地方では、東京からIターンで農業に従事する人も増えていますから、まだまだ可能性はあると思っています。

森永　たしかに農業では担い手がどんどん減っているという現状です。ただ、それを穴埋めするために、農水省や政府全体で打ち出しているのが「スマート農業」です。コンピューターとロボットとか、ドローンを活用して、機械にもっと任せればよいと。あるいはもっと科学的な視点を取り入れて生産性を上げることで、自給率も上がるはずだと言っていますが、現実はそんな甘いものではありません。

スマート農業で、たとえば自動制御の耕運機（トラクター）は1000万円以上しますが、補助はあるものの、農家は機械の購入負担でどんどん経営が苦しくなっている。必要以上の農薬や飼料をつぎこんだりして、結局、採算重視を第一に考える金儲けのための農業になってしまっているんです。

泉　そこはまさに共感するところです。医療や農業で採算性を最優先するのは間違っていることだと思います。

森永　人間の命にかかわる食べ物を作る仕事から、人間を排除すること自体がナンセンスだと思いますね。

第一次産業が食い物にされている⁉

泉　私は子どもの頃、魚介類を獲ったり、海苔の養殖を手伝っていました。小学生の頃は親父の船がぽんぽんぽんと音をさせながら港に帰ってきたら、急いで行ってバケツに魚を入れてもらい、今度はそれを近くの農家に「今日の晩ごはんの魚です！」と届ける。そうするとトマトやキャベツなどの野菜と物々交換してくれて、「ありがとう、房穂ちゃん。お駄賃のキャンディーだよ」といわれて「ラッキー！」と喜んでいた思い出があります。

そして昔は家の鍵を閉めたりすると、「閉めたら近所の人が醤油を取りにきても、入られへんやんか」なんて怒られたりしました。ご近所での助け合いの精神が残っていた時代でしたね。

漁業や農業といった第一次産業の話に戻りますと、人手不足といった要素もあるかもしれませんが、作業に機械が多用されるようになり、いくら働いて稼いでも、機械の代金を払ったらほとんどお金は残らない。そして1つの機械の返済が終わると、また新たな機械を買わされたりするのを見ていて、幼心に「第一次産業が食い物にされている」と感じた記憶がありますね。

こうした機械の導入については見直しが必要だと思います。1年に何回かしか使わない機械を生産者それぞれが買っているのはコストとしても無駄です。1台の機械を皆で共有し、使い回す仕組みがあればいいと思います。購入費用の一部がバックマージンのような形で流れ、結局政治家の懐が儲かるというゆがんだ構造になっているのですから。

農業や漁業などの第一次産業は国家の根幹に位置づけて、一定程度の補助を与えることも含め、お金に苦労しない、続けられる仕事にしていかないといけない。それでこそ、食料安全保障につながるのではないでしょうか。

心豊かに暮らすには教養が欠かせない

森永　農業や漁業に携わる人以外でも、日常生活で食べているものを知る経験を持つことが必要だと思うんです。都市に住んでいる人には、自然に触れたこともなく、そうした知識がまったくない人も多いでしょう。

去年、ラジオ局の若手の女性アナウンサーが私の畑に取材に来たんです。私は二十数種類の野菜とか芋とか果物などを作っていて、その名前がわかるかどうかを片っ端から聞いてみました。

葉っぱが出ている状態で、まだ実がなってない野菜を指さして「これ何だと思う?」と聞いていくと、ニンジンもアスパラもわからない。ほとんど答えられなかったんですよ。私は逆にびっくりしちゃって。

泉　野菜がどうやってつくられているのか、見たことがないんですね。現場を知らないというか……。

森永　都会の便利なところだけに暮らすことがよいことなのかどうか、ということですね。

私が住む所沢市も、最近は所沢駅周辺にはタワマンが増えています。それに対し私の家は、所沢の中心部からは少し離れ、駅からも離れていますが、都会と田舎の中間にあたる「トカイナカ」で暮らしているわけです。仕事のためには都心と行き来する中で、「都心は人の住むところではない」と思うようになりました。

都会にいるとおいしい一流レストランだとか、エンターテインメントもあって、お金さえあればいくらでも楽しく暮らせるけれど、お金がないと楽しくはない。

トカイナカのような郊外で、楽しく暮らすために必要なのは、お金じゃなくて教養です。鳥や植物の名前を知り観察し、どこから湧き水が出ているかを知って生活に活かす。そういうことをしないと、楽しくなってこないわけなんです。

泉　私の住む明石も、大阪や神戸からは少し離れたベッドタウンですけれど、その可能性をずっと信じていますね。例えば大阪の中心部に住もうとした場合、どうしても家賃も高いですし、サービスの費用も物価も高くなりがちです。そのトータルコストを明石と比較すると、驚く人も多いでしょう。

明石は、電車でちょっと行けば大阪や神戸の都会にも行けるし、自然にも触れられて、都会の良さと田舎の良さの両方が感じられますね。

都会の人がいきなり過疎部に移るのは、簡単ではありません。だから、ちょっと離れたトカイナカを大事にするあたりが現実的ではないでしょうか。それで地域の魅力を守っていくのは大事です。

森永 そうなんです。本当の過疎地域に行くのは、よほどの根性がないと難しいですね。

移住した仲間の家に何度も行って泊まらせてもらったりしましたが、田舎に行くと全然知らない近所の人が普通に家の中に入ってきて食事をしていたり、タンパク源が交通事故にあった鹿と、罠にかかった猪だったりして（笑）、それをみんなで解体して食べたり……。

私は根性が足りなくて、獣の解体をするのはハードルが高く感じてしまいましたが、トカイナカの良さには、まわりとの適度な距離感もあるのかもしれない

泉 そうでしょうね。昔ながらの暮らしが好きな人はいいですけど、現実的にはトカイナ

カのほどよい快適さとか、一定の距離感、あとはプライバシーと自然、人情味みたいなものとのバランシングですね。

原発はリスクもコストも高い

森永　私が挑戦したのは農業だけでなくて、太陽光発電もあります。自宅には非常用のパネルだけですが、別の場所で少し大がかりに設置していて、自宅で使う電気は完全にまかなえています。

泉　エネルギーも自給ですか。それは素晴らしい。

森永　太陽光パネルの値段が劇的に下がってきて、1キロワットあたり7円ぐらいで作れるんです。さらにもうちょっと安くなるかもしれない。

太陽光発電に対する国の補助金は終了していて、残っているのは、ごく一部の自治体だけです。ただ、太陽光発電を備えたゼロエネルギー住宅への補助金は国レベルでも継続していて、住宅ローン減税などのメリットもあります。

一方で、政府は脱炭素社会に向けた具体策を議論するとしながら、東京電力柏崎刈羽原発の再稼働に向けて進もうとしています。

原発には隠されたコストがあります。それは例えば事故であったり、一番問題なのは使用済み核燃料の最終処分の方法も、処分地も決まっていないことです。それは、いってみれば便所のない家を建てるようなもの。これはリスクもコストも非常に高いわけですね。

今20畳ぐらいの太陽光パネルを屋根に貼れば、一軒家は電気を完全自給できます。ただ、それは地方やトカイナカでの一軒家では可能ですが、都心のタワマンの住人はできないんですよね。

泉　私の大学生の最後の頃、ソ連のチェルノブイリ原子力発電所で、大規模な放射能漏れの事故が起こりました。卒業後、ＮＨＫに就職した私は、福島放送局で東京電力の原子力発電所の取材をしたいと申し出ましたが、上司に却下されてしまった、苦い思い出があります。

その後、テレビ朝日「朝まで生テレビ」のスタッフになり、「原発の是否を問う」という企画を出して、私はフロアディレクターを務めました。

私は原発については情報公開がほとんどなされていなくて、本当のことがわからないと感じていました。当時は「リスクはなくて、発電コストも安い」素晴らしい発電手段と言われていました。

しかし東日本大震災で、福島第一原発の大事故が起きてしまった。そして、しばらく原発は止まりましたが、現在、一部の原発が再稼働しています。そして、現に動いているものをすぐに止めることもできませんから、現実路線としては段階的に太陽光などの再生可能エネルギーにシフトしていく方向だろうと思います。

森永　私は、現実路線として、しばらく使える原発は使って、その間に稼いだ額を全部廃炉に向ければいいと言っていました。でも、普通に再稼働させたとして、もうけた分が廃炉に向かうということはないのです。

泉　どうしても、俗にいう利権が近くにありすぎるので、政策合理性による判断がなされてしまう。その局面でなすべきことをするには、正しい情報が出されなければ判断もできませんが、利権が巣くっているとバイアスで政策判断が歪んでしまいます。原発のトータルコストが安いわけがないと思いますよ。

森永　利権は非常に大きいですね。私は父が佐賀県の出身なんですが、その縁もあり、かつてシンクタンクに勤めていた時、佐賀県の東松浦半島の地域振興計画を作る手伝いをしたことがあったんです。

今は市町村の区分が変わってしまいましたが、佐賀県東松浦郡玄海町に玄海原発（玄海原子力発電所）があります。今は唐津市になりましたが、当時の肥前町に立地していたので、最初に肥前町の町役場に入ったら、建物はボロボロ。我々が案内された会議室は木造で畳敷きのボロボロだったんですよ。

その後、玄海町の町役場が入ったら、一般の平社員の働くフロアでも、何cmもある毛足の長い絨毯がびっしり敷いてあるんです。イスは総革張りで、まるで社長の椅子みたい。ああ、これが利権なんだって実感しましたね。

よく覚えているのが、仕事が延びたので急に1泊しないといけなくなって、近くのホテルに「今日、泊まりたい」と連絡した。すると、「原発関係者以外は泊めない」と居丈高に断ってきたのです。

あまりに腹が立って、「今は原発の建設中だから客がいっぱい来るかもしれないけど、建設工事が終わったらお宅のホテルなんて閑古鳥が鳴くかもしれませんよ、なのに一般客を拒否してどうするんですか」と言ったら、ホテルの従業員が、「何バカなことを言っているんですか、原発はメンテナンスが必要になるんです。ずっとうちには原発関係者が来続けるんです。あなたのような部外者を泊める理屈はありません」と。「原発利権は人間をここまで腐らせてしまうんだ」と本当に頭にきて。そこから原発が嫌いなんです。

泉　利権の問題は、利権そのものの問題もあるけど、利権によって政策がゆがむんですよ。そして、人間までゆがんでしまう、そこを脱しないといけないと思いますね。

森永　玄海町は最終処分地の文献調査に合意するという報道がなされました。調査を受け入れるだけで数十億円の金が転がりこむのです。

だけど、佐賀県知事は絶対に最終処分地を受け入れないと言っていますから、結局調査しても知事がオッケーを出さない。結果として選定されるはずがないのに、金に目がくらんでしまうというのは本当におそろしい……。

グローバル資本主義はもう少しで破綻します。そのためにも、一人ひとりが自立して、食べ物もエネルギーも自給する。そして、好きなことをやって、人生を楽しむ社会にする。その大切さを伝えたいですね。

第3章

タブーなき社会への道筋

日本はアメリカ追従を脱することができるか

森永　自治体の長として成果をなしとげた泉さんも、外交・安全問題というのは、これまで関わりがなかった分野です。

だからこそ、ぜひお聞きしたいのですが、たとえば岸田政権は、今までＧＤＰの１％だった防衛費を倍増させると言い始めました。日本はこのままアメリカ追従の姿勢でよいかどうかなど、どのようにお考えになりますか？

泉　大きな路線でいくと、基本的には現実政治である以上、急転直下の方針転換は簡単ではないというスタンスです。

とはいっても、方向性としてアメリカに追従するばかりでなく、中国、韓国、北朝鮮、ロシアも含めて、周辺国を意識して考えていく必要があるでしょうね。日本がいかにして自立した外交を展開できるか。そこは本気で考えないといけません。

森永　そこなんです。私は１９８２年からシンクタンクにいましたが、思うに１９８５年までは、日本は独立国家になろうとしていたといえます。当時、景気が好調なこともあって、官僚にも気概があふれていて、それが主流派でした。

ところが1985年を転機に、外交方針が一気に対米全面服従路線に切り替わりました。その裏には何か不都合な真実が隠されているのではないかと思うようになりました。そこで、私なりに調べを続けてきたのですが、それを世の中に出すには至らなかった。

でも、昨年がんの告知を受けて、自分の命のあるうちにこの件を検証して明らかにしたい、そして本を出して世の中に問いたいという思いになったんです。

泉　それが『書いてはいけない』に結実したんですね。

森永　そうなんです。1985年8月12日、日本航空123便の墜落の原因は、自衛隊のファントム機が日航機を追尾していて、ジャンボ機の第4エンジンにミサイルを撃ち込んで、撃墜したという事実がある。あえて事実と言いますが、その責任を全部ボーイング社にかぶってもらったのではないか。

その負い目があって、わずか41日後にプラザ合意で為替が2倍になり、そして翌年、日米半導体協定が結ばれて、それまで5割あった日本の半導体シェアが1割まで急転落してしまったのではないか。私はそう考えています。

その数年後、日本とアメリカの間では貿易摩擦を背景に、日米構造協議が行われ、その後の年次改革要望書を通じて、対米全面服従を続けてきた。私はその間、ずっと通産省、経済産業省の使い走りというか、小僧のような仕事をしていたんです。

私は政治家でも官僚でもないですから、荷物の運搬とか資料の準備とか、いってみれば門前の小僧だったのですが、その頃強く印象に残ってるのは、アメリカにも私と同じような使い走りの小僧がいて、小僧同士は対等に話ができたんですよ。

そこで彼は、「なぜ日本はアメリカの言うことを100％聞いて、何一つ要求しないんだ」と聞いてきて、当時の私は、何が起こっているのかわかっていなかったので、「これは外交交渉なのに、僕もおかしいと思います」と答えたりしていました。そこからずっと続いている対米全面服従というのをやめないと、日本はいつまでたっても立ち上がれないと思うのです。

泉　私は大学に入ったのが1982年でした。六か国協議は2000年代に始まったものですが、それ以前から周辺諸国との外交会議の場では、当時の中曽根康弘首相も威勢が良く、日本もドンと構えていた。

レーガン大統領と「ロン」「ヤス」などと呼び合って、アメリカと対等だとするぐらいの勢いだったのに、突然あれもこれもアメリカのいいなりになって不思議に思っていました。

今となっては、森永さんがおっしゃるような何かがあったのかもしれないと思わなくもないです。

森永　だから、ぜひ泉さんは総理大臣になって、本当の理由っていうのを突き詰めていただきたい。

泉　タブーに挑むというのは、時間がかかりますね。森永さんが『書いてはいけない』で挙げておられたのは、ジャニーズとザイム真理教と日航ジャンボ機の件と3つでした。そのうちジャニーズは、長い間暗黙の了解のようなものだったのが、それこそ何十年たって動き出しました。

ザイム真理教も4半世紀言ってきたということですが、まさに森永さんの本が歴史的転換だと思っています。そうなると３つの中では日航ジャンボ機はこれからですね。

森永　ここにはとてつもない圧力が今かかっています。

ネットなどでよく言われる話が、「こいつは何にも調べてないのに、元日本航空の客室乗務員で、日本航空１２３便墜落事故に関連する著書を何冊も出している青山透子とか、事故で家族を亡くし、調査分科会会長でもある小田周二の本の事実を引っ張ってきて、適当なことを言っている」という的外れな批判が多い。

しかし実は、個人的にはもう30年にわたって追い続けているんです。

現場に入った民間人だとか、警察による検死写真に関わった人、実際に御巣鷹の尾根の近くでファントム機が日航１２３便を追尾しているのを見た人のご家族、もう百数十人から、直接一次情報の話を聞いているんです。

ただ、なぜだかわからないですが、誰もが証言をすることに、ものすごく怯えているようなんです。私は人徳がないのか、実名を公開して証拠として出せるまでには至っていないですね。

だから、数々の著書を刊行した青山透子さんのすごいところは、まさしく彼女の情熱です。名前を出してよいと証言者に言わせるまでに説得したことがいかに大変なことか。あれこれ言う人に対しては、「それをつまみ食いしたって言われてもねえ」と思いますね。

どこまでタブーに切り込めるか

泉 命をかけて出された森永さんの本は各地で評判になっていますが、いわゆる大マスコミはなかなかこうしたテーマを取り上げない。タブーには踏み込まないですね。

森永 本当にそうなんですよ。ある意味無理のないことで、大手テレビ局の制作現場で、ある程度の責任を持っている40代半ばぐらいの社員は、年収1500万円は貰っていて、高給取りなんですよ。

そんな人たちが、いくら視聴率が取れて話題性のある面白い番組を作れたとしても、もしかしたら自分の生活が守れなくなるリスクがあることには、飛び込まないですね。セーフティファーストの感覚ですよ。

泉　私はテレビ朝日の「朝まで生テレビ」の初期にスタッフと働いていましたが、あの頃はメディアがまだ元気でしたよ。

先に述べたように「原発の是否」とか、「天皇制の在り方」とか、「やってまえ〜！」という勢いでしたけどね。「もう深夜だから誰も見ていないから、気にせずにやろうぜ」なんて言いながら、実際はすごい視聴率だったりした。マスコミの使命、役割っていうものを強く意識していましたね。

森永　時代が変わったという思いは、強く抱きます。

泉　森永さんは、「様々な圧力がかかって、最近テレビに出ていない」とおっしゃっていますが、私から見れば、早い段階から財務省に対してはっきりものを言い、しかもメディアでも活躍を続けられた希有な存在だと思っています。

森永　それでも私自身は卑怯だったと思っているんです。やっぱり家族のことを考えてしまった。

子どもは親を選べませんから、もし私が仕事を失って家族を路頭に迷わすとか、子どもを行きたい学校に進学させてあげられない、なんてことになったら、親として責任放棄になるだろうと……。だから子どもが成人するまでは、私なりに、ラインギリギリのところで走っていたつもりです。

泉 そうでしたか。

森永 でも、10年前に子どもが成人したので、これで大丈夫だと思って、そこで1回目のタガが外れたんです。次にもう1つ大きいのが、2年前に65歳になって年金がもらえるようになったこと。これでさらにタガがゆるんだ。

最近、ついに第3ステージといえるのが、がんで余命4か月と言われて、「どうせ死んでしまうんだったら全部言って死のう、本当のことを言ってやろう」と切り替わった。すると案の定、完璧に近い形で、大手新聞、大手週刊誌、大手テレビ局から干されました。

泉 ラジオはずっと継続していらっしゃって。

森永 テレビよりは自由度が高いですね。また、東京のテレビ局からの連絡がなくなっても、大阪のテレビ局は声をかけてくれたりしていました。

一度、大阪のテレビ局から出演依頼があって、岸田前総理が国民負担を上げたことで

「増税メガネ」って呼ばれるのを嫌がっている、というのがテーマでした。その頃、ネット上では、「増税メガネ」ではなく、「増税クソメガネ」って呼ばれていたので、私は自分のメガネに「うんちくん」のシールを2枚貼って「増税クソメガネでーす」とやったら、視聴率が爆上がりした。現場のディレクターもすごく喜んで、「森永さーん、最高でしたね、また来週もやりましょう！」と言ってくれたんですけど、その後はまったく呼ばれなかった（笑）。

泉　私、その番組を見てました！　おもしろかったですよ。別に総理批判はタブーではないでしょうが、テレビ局が無難を選ぶようになっているのは確かです。それこそ忖度です。政府批判も許されないとしたら異常時ですね。

牙を抜かれたメディアの「いま」

森永　思い返してみると、状況が大きく転換したと思うのは、ちょうど2000年代の初めの頃、テレビ朝日の報道番組『ニュースステーション』に出ていた頃ですね。

私は2000年から2004年までニュースステーションのコメンテーターをしていました。当時の番組の全体会議でプロデューサーが何を言っていたかというと、今の腐った自民党政権を倒すぞ、タブーを恐れずに徹底的に追及するんだ、という姿勢でした。

泉　テレビでも新聞でも、各社の方針がありますから。

森永　ニュースステーションが2004年の3月に終わることになりました。おそらく局の事情もあって、当時の上層部も変わったりして……。

表向きは司会者の久米宏さんが自分の意志で降板したことになっていますが、久米さんが歯に衣着せぬ物言いで発言するのを苦々しく思う人がいて、そんな奴は許さん、という流れになったのではないかなあと私はみています。

後継番組として『報道ステーション』になって古舘伊知郎さんもがんばったと思いますが、私の感覚で言うと、政府への批判の度合いは半分ぐらいになった。その後、局アナが担当するようになり、現在の大越健介キャスターに至るわけですが、政府を批判しているような姿勢を示したとしても、本質的なところは一切突いていないですね。

泉　私もかつてメディアに関わった身ですから、なんだか寂しい気がします。

森永　多分、ザイム真理教の教えに屈してメディアも〝入信〟させられちゃった。テレビだけじゃなくて、たとえば朝日新聞だって、昔は増税反対と言っていましたよ。でも、論説委員の原真人さんをはじめとして、かつては庶民の立場に立っていた朝日新聞が、今は財務省の立場に立った論説を展開している。

泉　びっくりしますよ。かつての朝日はもうちょっと庶民派を、少なくても装っていたのに、最近は臆面もなく財務省なり中央省庁からの情報のたれ流しですよ。残念ですね。

森永　だから私自身はね、いずれにしろ、あと数ヶ月の勝負だと思っているので、短距離ランナーのつもりなんです。短距離ランナーは水も飲まないし息継ぎさえしないで、とにかく走ることだけ考える。

泉　言いたいことを言い続けると。

森永　ただね、最近すごく驚いたことがあって……。というのは、私は父親が毎日新聞の新聞記者だったので、若い頃、よく新聞社に出入りしてたんですよ。それこそ使いっぱしりとして手伝いをしたりしていました。

昔の新聞社は24時間態勢で、ビルに入ったら、煙草の煙はもうもうとしているし、みんな権力に対する戦いに命を燃やしていたんです。

つい先日、週末に用事があって朝日新聞に立ち寄ったんですよ。そうしたら、やけにガランとしていて、ほとんど人がいない。

つまり今は当然のことなのかもしれませんが、新聞社にも働き方改革が浸透しているのか、土日に新聞記者が休んでいる。

泉 昔とは違うということですね。

森永 昔は「夜討ち朝駆け」という緊張感があった。

泉 今は取材能力も落ちているし、新聞じゃなくて、政府広報誌になりつつあるような気がします。

私も、はっきりものを言いますから、私を取り上げてくれる新聞は限られています。ぶっちゃけますと、毎日新聞と東京新聞（中日新聞系列）ぐらいですね。毎日新聞などは、一面全部をとって私の特集組んでくれた。東京新聞も一面で、私の「救民内閣構想」を大きく取り上げてくれたりしました。

あとの新聞は、取り上げても私の悪口と半々のところ、取材にすら来ないところ。現場の記者は取材に来るんだけど、上のどこかで止まって記事にならないところ等々。各社の違いがよくわかります。

第4章

現実を知らない官僚たち

私が官僚の〝奴隷〟だった頃

森永　旧大蔵省が解体されるきっかけの1つになったのが、1998年に世間を騒がせたいわゆる「ノーパンしゃぶしゃぶ事件」（大蔵省接待汚職事件）です。一定年齢以上の方はご存じだと思いますが、当時の大蔵省の官僚が銀行や証券会社から接待を受け、つまり〝毒まんじゅう〟に興じていたのが発覚したのです。

歌舞伎町の「楼蘭」という店の床が鏡張りになっていて、下着をつけていない女性店員が接客をするということで、当然国民の怒りが爆発したわけですね。実のところその先のサービスもあったのだそうですが……。いずれにしても、あまりに下劣な話です。

その後、2000年に国家公務員倫理法ができて、業界との癒着や官官接待は一切ダメだということになり、情報交換のために接触することさえ許されなくなった。

それには功罪あって官僚が現場を見たり、話を聞いたりする機会も減ってしまったわけです。そうすると、官僚たちは霞が関の冷房のきいた快適なオフィスで、頭だけで考えた政策を繰り出すようになる。それが現代日本の病巣ともいえますね。

泉　接待の話は当然の流れですが、官僚が現場を知らないということについては、私にも経験があります。

20年前、私が国会議員だった頃のことですが、障害者の施策を担当する厚労省の担当者が、「実は生まれてこのかた、障害者に会ったことないんです」とボソッとつぶやいたんです。私はすっかり驚いてしまって「会っているけど意識してないだけでしょう」と言うと、「重度障害者の施策の見学に行ったことはあるけれど」と言うんです。

そんな人が障害者施策の担当をしているなんて、と本当に驚きました。勉強は得意なのかもしれませんが、本当に現実の社会をあまり知らないのでしょうね。

森永　官僚になれる人というのも、ごく一部の限られた人ですからね。それでも、入省するときには、それなりに気概を持っていたとしても、やがて洗脳されていくのだと思います。

私自身はちょっと特殊な経歴を歩んでいて、財務省出身で数量学者、嘉悦大学教授の高橋洋一先生からは〝植民地暮らし〟だといわれました。

大学卒業後の1980年、私は日本専売公社に入社しました。そこは、旧大蔵省専売局の流れを受けた大蔵省の一部局のような存在の組織だった。公社といっても、実態は昔の役所のままで、大蔵省から予算をもらってこないと鉛筆一本買えない仕組みになっていました。

私が最初に配属されたのが、主計課という大蔵省から予算をもらってくる部署でしたから、そこでの仕事は文字通りの〝奴隷〟のようでした。

たとえば、予算編成期になると、私は主計局大蔵2係という担当部署の前の廊下でずっと座っているんです。それで大蔵省の主査から名前を呼ばれたら、2秒以内に駆けつけないと担当者の逆鱗に触れてしまう。

泉　むちゃくちゃですね。

森永　帰宅するときも、こちらの課長代理が、大蔵省側の課長補佐につながるホットラインでお伺いを立てるんです。その時点でも深夜ですが、電話機の横のハンドルをぐるぐる回すと大蔵省側につながって、課長代理が「帰ってよろしいでしょうか」と聞く。そこでちょっとでもご機嫌を損ねると徹夜になってしまうんです。だから、毎日午前2

時、3時はみんな緊張で張り詰めている状態でした。

当時は官官接待なんてものは日常茶飯事でした。私が最初にやっていたのも、大蔵官僚が銀座で飲んだ飲み代の請求書を、こちらの経費で処理するという仕事。そんなふうにずっと官僚の手下でしたから、彼らの〝生態〟をよく見ていました。

当時、大蔵省のキャリア官僚は、20代半ばで税務署長に昇進していました。専売公社でも、技術系だった私の同期は、30歳手前くらいで工場の職員課長になり、部下300人、年間交際費1000万円、黒塗りの運転手付きという世界でした。

とはいえ、同じような仕組みの中に私もいました。そんな環境にいると、この私でも勘違いしそうになりましたね。周りはみな、ペコペコしてくるわけですが、もちろんそれは私にではなくて、私が扱っている予算にペコペコしている。

40代くらいの工場や支社の予算課長が、付け届けを持って「いつでも接待します」と言って待っているのですから……。ずっとそんな環境にいたら、誰でもマヒしまうでしょうね。

だから私は疑似官僚としての経験もあるし、1986年から2年ほどは実際に経済企画庁に出向して、官僚と一緒に仕事もしています。

経済企画庁というのは、次官から局長、官房長、総括課長、などすべての重要ポストが大蔵省からの出向者で占められていたんです。だからここも植民地です。そこでもさんざん煮え湯を飲まされて、その後に金融系のシンクタンクに転職したのですが、そこでのクライアントが経済産業省でした。だから私の職業人生は、官僚の世界で働きながら、ずっと官僚の手下として生きてきたようなものなのです。

泉　だからこそ、逆に彼らの実情がよく見えたんですね。

働き方改革が導入された本当の理由？

森永　２００１年の省庁再編、公務員制度改革のあたりから、霞が関官僚を取り巻く世界が変わり始めます。そこで彼らは2つの「フリンジ・ベネフィット」（給与以外の経済的な利益）を失っていきます。

１つは接待とか、毒まんじゅうもそうでしたが、業務で関わりのある業界をあごで使えたりすることも、官僚にすれば当たり前だったわけです。

たとえば午前2時、3時に所管業界の大手企業に電話して、ほんの一言、「僕もう疲れたんだよね」などとぼやけば、豪華な上寿司の寿司桶がタクシー券の束とともに届く。そんなことが普通だったのに、急に許されなくなってしまった。いわば別払い給与がなくなって、報酬も半減したようなものでしょう。

もう1つは、安倍政権あたりから官邸主導・政治主導になって、官僚が一番の生きがいに感じていた「天下国家を動かす」という役目を奪われてしまったんです。

そこで彼らがどう行動したかというと、どうせ仕事もつまらないし、ベネフィットも得られないいんだったら、俺たちの幸福を増やすために改革をしようぜ、となったわけです。だから、昨今の働き方改革も、「自分たちの仕事がつまらなくて早く帰りたいから」という一面が、きっと心のどこかにはあるんだと思うんです。

もちろん前提として、長時間労働の解消、正社員と非正規社員との格差是正、高齢者の就労促進などの問題解決という側面はあるでしょう。今年4月からは、医師やトラックドライバーにも適用されました。

ただ、労働環境の改善はもちろん必要なことですが、トラックドライバーなどは、どちらかというと自営業者に近いんです。さらにいうと、画家とかミュージシャンなどに近い自由業的な労働形態で働いてきたように感じます。

私には親しく付き合っているドライバーがいますが、彼らの状況を聞くと、勤務時間は変則的です。荷物があるところ、時間に取りに行き、届け先の都合に合わせて荷物を届ける。夜通し高速道路を走ったりして、かなりきつい仕事ですが、それに見合う報酬を受け取る。そして、ある程度稼いだら、まとまった休みを取ったりするのです。

そのような仕事に、オフィスで働くサラリーマンと同じ仕組みを導入しようとするから、人手不足もあいまって物流コストも爆上がりし、国民生活を脅かす悪循環になってしまっています。

泉　キャリア官僚は現場を分かっていないのに、しかも現場の声や実態も踏まえず、自分たちの頭の中だけで「こうだろう」と決めつけているわけですね。

私が彼らに対してひどいと思うのは、自分たちが決めたことが間違っていても訂正しないことです。違っているとわかったら、素直に修正をかければいいのに、一旦決めたら、「間違っていました」とも言わない。

森永　そうそう。

泉　まさに無びゅう性ですね。公務員は絶対間違わない。官僚の言うことは全て正しいと考えているのでしょうか。おこがましいですね。人間なのだから、正しいと思っても外れることもあると思うのですが、外れたとは絶対に言わないですね。

森永　それこそが、まさしくカルト教団の特徴です。

泉　試行錯誤したっていいと思うんですよ。プランを前に進めながら考えるとか、進めたけれど外れたら元に戻すとか。ところが自分たちが決めた方向に、「間違っていても従え！」という傲慢な態度が目につきますね。

子育て支援と少子化対策は違うもの

森永　さらにいえば、官僚が自分たちの暮らしを守るために導入した「官僚バイアス」には、少子化対策も含まれると思っています。

私は厚生労働省の仕事を集中的にやっていた時期もありまして、もう4半世紀以上前から分かっていたことですが、少子化を解消するために必要なのは子育て支援ではなく、そもそも若い人たちが結婚できないところに問題があるのです。とくに、所得が低いとなかなか結婚に踏み切れなかったりします。そして、若い人たちがそもそも結婚できないから、子どもも生まれなくなるのです。

泉　経済的な不安ゆえに難しいということですよね。

森永　私は大学でも教えていますが、担当するゼミで2年か3年に1回ずつ、女子学生に「相手の年収がいくら以上だったらプロポーズを受けますか」という調査をしてきました。そうすると、昔も今も年収500万円以上という回答がほとんどです。中には何と、3000万円と言った女子学生もいて、「おまえ、ふざけるな」と返しましたが(笑)。

20代で500万円をもらえるビジネスパーソンなんてほとんどいない。非正規の労働者の平均年収が170万円で、その人たちの結婚率は6人に1人、つまり6人に5人は結婚してもらえないのです。

それで私は「君たち、お金よりも愛が大切なんじゃないのか」と言うのですが、そうなるともう総攻撃を食らってしまって……。「先生、現実を踏まえない妄想はやめてください。自分のパートナーが１７０万円しか年収がなかったら、そんな男と死ぬまで付き合う選択ができるはずがないでしょう」と。だんだん、学生が言うことが正しいような気がしてきて、やっぱり愛よりお金だよなと（苦笑）。

そこでですが、泉さんが明石で行った少子化対策は大成功されて、その手法は、自治体としては１００％正しいと思うんですよ。

ただ、それと国の少子化対策はちょっと別次元ともいえます。明石市の人口が増えていったのは、まわりから人が来たわけで、人を引き寄せていったという側面があるからです。

国の場合はそれができません。国全体として子どもの数を増やすためにどういうふうにすべきか、ぜひご意見をお聞かせください。

泉　私は、「子ども施策」「子育て支援策」「少子化対策」、この3つはそれぞれ違うものだととらえています。もちろん一部は重なりますけど、一緒に考えるべきではないと言ってきたのです。

多くの方に評価していただいた明石市の子育て支援では、5つの無料として、18歳まで医療費無料、2人目以降の保育費無料、給食も中学校無料、1歳までオムツ代無料、遊具のそろった公共の遊び場無料というのを打ち出しました。

そのほかに児童手当を全国初で18歳まで拡充して支給しましたが、子どもの本人名義の口座を作ってもらって子ども本人を応援する。これは子ども施策なんです。

少子化対策ということでいえば、子育て支援からつながる側面もありますから、2つの安心を提供することを市民へのメッセージとして強調してきました。

1つは継続的な「お金の安心」で、5つの無料などの子育て支援です。

もう1つは親が病気になったら、代わりに明石市が預かり保育したりして「もしもの不安」を応援するというものです。その結果、人口が増えただけでなく出生率も直近5年間の平均が1・63と兵庫県でトップになりました。

ただ、たしかに自治体レベルの政策と国は違います。少子化のポイントは、おっしゃるとおり、家計が厳しい層が結婚していない、あるいはできないことが多いですね。一方で、結婚した家族の子どもの数は、昔も今もそれほど変わっていないんです。

ですからポイントは、「結婚できる状況に持っていくことが、実効性の高い少子化対策につながる」ということ。そのためにも「子育てに限らず、手元にお金が残るような国にする」、そして「将来も大丈夫と思えるような安心感を与えるメッセージを政治が発信する」。この3つが、国の方策としてはそれが必要だと思います。

森永　若い人たちが安心できる所得環境を作るというのが、やはり王道というか、一番の対策ということですね。

官僚の頭の中では共働きが前提

森永　官僚が進めている政策で気になるのは、専業主婦世帯への弾圧とも思える制度設計です。厚生労働省は2024年7月に遺族厚生年金の見直し案を発表しました。

遺族年金制度は、男性が家計の担い手で、夫と死別した妻が生計を立てるのが難しいというのを背景にしてきました。

年齢や世帯の状況により、さまざまなパターンがありますが、50代まで夫と死別した子どものいない妻は、遺族厚生年金を死ぬまで給付されてきました。これに対し、夫が亡くなったときに妻が59歳未満で、かつ子どもがいない場合は、給付が5年で打ち切られてしまいます。

しかし、59歳で夫を亡くして5年後というのは64歳。そこから新たなパートナーを見つけるのは現実問題として難しいでしょう。

見直しにあたり、現在は男女とも働く共働き世帯が中心として、配偶者と死別後も就労継続が可能だとする社会背景をもとにしているといいます。

そこにあるのは、都合のいいところだけ、「男女差なし」とか「共働き世帯の増加」という文言を引っ張り出すものの、その裏には「専業主婦を許さない」という姿勢がうっすら浮かんできます。

私は男女それぞれが、働けるなら働いた方がいいと思っています。でも、専業主婦の存在を頭ごなしに否定して、ライフスタイルの選択権を政府が奪うというのはいかがなものかと思うんです。

泉　私自身はよく「選択権の保障」と言うのですが、政治の役割とは、人々それぞれの考えが違うことを前提に、その選択をフェアにすることだと思っています。

一緒に働いてもいいし、片方が働いてもいいいし。そのことによって損得ができるだけ起こらないような制度設計をすることが必要です。

私は「子育て支援」の成功で知られたせいか、よく誤解されるのですが、結婚については必ずしなければいけない、と思ってるわけではありません。そこは個人の判断であって、結婚しない人生もあるし、子どもを持たなくてはいけないわけでもない。子どもは何人が理想的ということもありません。

国家が「早く結婚しろ、子どもを作れ、２人、３人が最低限だ」などというのはおかしいと思います。

専業主婦とそうでない人を制度で分けるのもおかしいと思いますね。両方にしっかりと目配りするのが政治です。人それぞれにいろんな考えがあり、生き方も違うと思いますから。

森永　社会保障といっても、あくまでも個人の自由な選択をもとにしてあるべきだといえますが、かつて戦時中には国策といえる戦時人口政策というのがありました。

日本は太平洋戦争の始まる直前の時期、人口政策確立要綱というのを閣議決定したことがあります。天下を一つの家のようにするということを意味する「八紘一宇」をスローガンに据えて、日本がアジアのリーダーとして国力を発揮するためには、「女性は5人、子供を産まない」といけないとしていました。

さらに、女性は「18歳で仕事を引退して家庭に入れ」と。子育て支援も、結婚した時点でお金を貸し付けて、今でいうと1500万円相当の大金ですが、子供1人つくるごとに300万円を返済不要として、5人産んだら完済扱いにする、というとんでもないプランでした。

そして、結婚をしていない人には独身税を課し、全国に公立の結婚安定所を作って政府の力で結婚させるという、画一的な政策をやろうとしていたんです。

結局、戦争が始まって、その政策は実現されませんでしたが、今はその逆をやろうとしているようです。「全員働け」という無言の圧力をもとに、働かない女性は存在価値がないと言わんばかり。どうして政府というのは、同じモデル、同じライフスタイルのことしか考えないのか、想像が及ばないのではないかと思うばかりです。

泉　戦時中とはいえ、これらはすさまじい政策ですね。

森永　現代の官僚の姿を思い浮かべると、女性の官僚も以前より増えてきて、男女官僚同士のパワーカップルが増えてきています。政府の子育て支援策の中に、ベビーシッター利用者支援事業というのもありますが、それは国家公務員も対象になると明記されています。

つまり、自分たちの暮らしを良くするための施策を中心にしているとしか思えない。あるいは彼らは、恣意的なものでなく、ただ多様な現状に考えが及ばないのか……。

泉　高給取りのパワーカップルが女性政策を決めたりするから、勘違いが生じやすく、自分だけの小さな世界を全部に当てはめてしまうということですね。国民全体のことを考えない、とんでもない話です。

性差を誰も意識しない社会へ

森永　官僚にも女性が増えたことはよいことだといえますが、それでもまだ日本は国際的に見て、女性の活躍度が低いといわれています。ＯＥＣＤ諸国と比べると、先進国とは思えないレベルです。

とはいえ現状を打破するために、国立の理系大学を中心に女子枠を設けるとか、組織やグループに一定の比率を定めるクオーター制導入への議論もあります。そのあたりはどう思われますか？

泉　議論が分かれるテーマですね。過渡期の今としてはポジティブ・アクションとか、アファーマティブ・アクションともいう一定程度の誘導施策をとるのはアリだと、私は考えています。賛否はわかれるでしょうが、導入する期間や目標を設定するなど、まずは限定的に実施するのがよいと思います。

たとえば明石市では、審議会は男女の割合は6割と4割、10人いたらどちらかの性が4人以上とほぼ半々になるようにしていました。とはいえ一定の誘導策としては有効だと思いますが、行き過ぎには注意が必要です。

森永　私は、「男性だから、女性だから」と区別するのは大嫌いで、性別の差というものを誰も意識しない社会が本来は正しいあり方だと思います。

泉　そこは同感です。過渡期ですから、どの程度誘導策が効果をもたらすか、見守ることが必要かもしれません。

森永　この問題に時間がかかるということを実感したのは、先ほどもお話しした大学のゼミでのことです。いま私のゼミに所属している大学2年生が19期生になります。ゼミを始めて数年目に、はたと気づいたのが、学生の選挙で決めているゼミ長が、ずっと男性だったということでした。

それで、あるとき私は学生に言ったんです。「私は介入しない、だから女性に投票しろとは言わないけれども、もしみんなの心の中でゼミ長は男性がやるべきだという根拠のない思い込みがあったら、それは捨てろ」と。

そして、「一番能力が高くて、みなを引っ張っていける人を選ぶべき」だと言い続けまして、ようやく女性のゼミ長が誕生したのは17期。つまり17年かかりました。

18期のゼミ長も女性で、この17期、18期のゼミ長が、とてつもなく優秀なんですよ。今後も介入はしないつもりですけど、19期のゼミ長も女性になる可能性は結構高いのではないかと思います。ただ、これまでを思うと、本当に時間がかかりましたね。

泉　私もこのテーマは非常に悩ましいですね。例えば明石市でも、優秀な女性には、もっと管理職になってほしいと思うものの、なかなか実現しなかったんですよ。

そこには様々な理由や事情があって、たとえば課長になったら残業しなきゃいけないなど、暗黙の了解があって、そこを変えないと実際の社会実態が伴わない。そこで、管理職も定時で帰れるようにルールを変えるなど、かなりてこ入れをしました。

あとは本人の意志を尊重する手上げ方式にすると、ほとんど手を上げてこないんです。みんな遠慮がちというのか、地方の自治体ですと狭い職場環境ですし、そこはこちらから声をかけて任用するようにしていかないと増えていかない状況でした。自然な変化に任せていては、むしろ組織の実態に合っていないと判断し、若干の誘導策は取りましたね。

森永　どんな誘導策が有効なのかについても真剣に考えないといけないですね。しかし、社会制度のことは、官僚に任せきりでいると彼らに都合のいい制度に変えられてしまいますから、しっかり見張っていないと。

第5章

東京一極集中をどうするか

集中を緩和するための手立てとは

森永　首都である東京にヒト、モノ、カネのみならず情報が集まる、「東京一極集中」の問題も、長らく議論されてきました。

たとえば首都直下地震などの大災害でも起きたら、大変な事態になるとよく言われます。それ以外でも実は最近、不動産価格においても、大きな問題が指摘されています。

今年の上半期、東京の新築マンションの平均分譲価格は1億円を超えていました。もうバブル期よりも高いわけです。サラリーマン（正社員）の生涯年収が2億5000万円（※令和4年厚生労働省の「賃金行動基本統計調査」）といわれている中で、普通のサラリーマンが1億円のマンションなんて買えるわけはありません。

しかし、それでも売れているのは、やはり投機に走る人がいるのでしょう。これはあらゆる意味で社会経済を蝕む元凶といえるのです。

そして東京の不動産がとんでもない価格になる一方、東京から50キロ離れた我が埼玉県所沢市では、私が購入した30年前と一緒か、若干下がっているぐらいです。

泉　ここまで、森永さんがアピールされてきたように、所沢はベッドタウンで、住みやすいトカイナカですね。

森永　先に述べたように、私の家は中心部よりは少し離れますが、30年前に家を建てたときは、窓から人家が一軒も見えなかったんですよ。だから最初は、風呂場の窓をガラス張りで設計してもらいました。

でも、その後、開発計画があるのを知って、まだ建設中だったので、あわてて磨りガラスに変えてもらいました。だから、まだまだ周りには畑も多いのですが、昔と比べれば住民は増えているんです。

ただ、ここからさらに電車で30分ほど東京から離れていくと、坪単価は我が家の10分の1くらいになります。駅から離れた場所なら、家と畑と山までついて、販売価格が100万円、200万円などという物件もあるのです。埼玉県においても過疎化が進む場所もあり、一方で、都市部やベッドタウンには人口が集中しているということです。

先ほど挙げた首都直下地震とか、近年は甚大な被害が出ている線状降水帯が停滞したりすると、日本がひっくり返るぐらいの状況になってしまいますから、危機管理上、これを止めないとどうしようもないのです。

泉　重要なテーマですね。

森永　首都機能移転というテーマもたびたび議論されてきました。古くは関東大震災で東京市（当時）が甚大な被害を被ったときもそうですし、バブル期には地価が高騰したこともあって、1992年に「国会等の移転に関する法律」が成立しています。

1999年には、移転候補地が「栃木・福島地域」「岐阜・愛知地域」に絞られ、「三重・畿央地域」が移転の可能性がある地域とされるところまでいきましたが、その後は凍結され、国土交通省内の担当部署も休眠状態のままとなっています。

ただ、議論がしぼんでしまったからといって、このままにしておいていいとはいえません。首都機能移転の問題も含め、東京にあらゆるものが集中している状況でよいのかどうか、泉さんはどんなお考えをお持ちですか？

泉　東京一極集中の問題ですが、単に「集中しているものを分散すればいい」という単純な話ではなく、「日本全体をどう構成していくか」を考えることが基本になければならない、と言いたいです。

少し長い話になってしまいますが、論点は大きく2つあります。あらゆるものが東京に集中しているのは、「首都圏が便利で魅力的である」という事実があるからです。その魅力をなくすというのもおかしな話です。ですから、ポイントの1つ目は「地方に魅力的な拠点をいかにつくるか」ということになります。

そして、2つ目は「国と地方という権限の仕組み」を考え直し、ドラスティックに変えるということです。それを実現するためには、私は日本の歴史でいえば、大化の改新、明治維新に匹敵するくらいの改革が、今の日本には必要だと思っています。

日本国家のあり方は、明治維新で大きく変わりました。明治維新以前は国の統治システムは2層構造でした。つまり幕府と各藩の統治という2層構造だったのが、明治維新で初めて3層構造になりました。いってみれば中間管理職としての都道府県を作ったわけです。

江戸幕府は青森から琉球まで、約500もの藩が存在していて、長州藩と薩摩藩と加賀藩はそれぞれ統治のやり方が違うわけですよ。地域特性も様々ですし、税制も教育もすべて違っていました。

それを統一国家として成り立たせ、欧米に追いつけ追い越せと急いで近代化するために、中央集権制度を取り入れ、税制や教育制度なども必要に迫られて作った。同じ時期に、都道府県のしくみもつくられました。

一方で、国民への福祉政策について、国家が充実を図らなくても済んだ。当時の日本は農林水産業が中心の世界でした。そして農家は大家族で成り立っていた。だから障害のある子どもが生まれても、その家出身の女性が離婚をしてシングルマザーになっても、今のようなひとり親家庭の支援とか、障害者の所得補償のソフト政策が必要なかった。大家族での助け合いがセーフティネットになっていたんです。

「廃〝県〟置〝圏〟」で地域をもっと蘇らせる

泉　しかし現在、国民への福祉政策の重要度はどんどん高まっています。家族の様相も変わり、行政の支援が必要なケースも多くなっています。そして福祉政策は、中央集権的に国家一律でやるのではなく、地域の特性に合わせるべきだと考えられています。

そこで私は明治維新ぐらいの改革をもう1回やり直すべきだと考えています。結論から言うと、様々な政策を担う「地域を再定義する」ことから始めるべきだと思います。ここで、都道府県と市町村を一体化する、つまり今の形の都道府県はなくすことを提唱したいと思っているんです。

これは小沢一郎氏が1993年に書いた『日本改造計画』（講談社）で述べていることにも近い考えです。都道府県単位ではなくて、地域ごとに人口30万人から50万人の塊を作り、全国を300から500の「圏域」、つまり単位に編成し直す。

私の言葉で言うと、廃藩置県ならぬ「廃〝県〟置〝圏〟」にする。つまり「県」をなくして、ブロックとしての「圏域」を設け、そこに権限と財源を付与して責任を持たせるのです。

そうすると地域特性を存分に活かすことができ、政策を決定する際に、都道府県の関与がなくなるので、スピード感をもって施策が図れます。

また、自治体の数が1800ほどだったのが、300～500に減ると、一気に様々なコストが浮くことになります。

公務員の数にも余裕ができます。場合によっては人数を減らすこともできるし、減らさないなら1つの圏域で倍の数の公務員が働けることになります。また、都道府県の職員は仕事がなくなるわけだから、「圏域」の方におりていって、業務に必要な人員を最適に配置し直すことができる。

そうしたら家庭訪問の回数を増やすとか、窓口の対応を手厚くするとか、きめ細かい行政サービスができるようになるでしょう。

それぞれの仕事に関わる人の数が増えれば、当然サービスの質が上がります。明石市では予算を増やすと同時に、子ども施策の職員数も増やしたことで、できることがどんどん増えていったのです。当然サービスの質も向上しました。

森永　高齢化社会が進めば、その施策に関わる職員の数も、さらに必要になりますしね。

泉　よく公務員の削減の話が出ますが、実は日本では、公務員の数は多くないという見方もあります。それなのに、公務員に対して国民から厳しい視線が注がれているのは、ちゃんと国民のために働いていないからですよ。

もっと国民のために働いている姿を見せれば、評価も高まりますし、公務員のほうもやりがいが感じられるでしょう。

先の項目で、医療や農業もベーシックサービスとして充実すべきだという話をしました。医療や農業を行政で抱えると言うと、時代に逆行するように思われるかもしれませんが、そうではありません。言い換えると市民病院のようなイメージです。民間ではなく国や公立の医療機関、そう考えると身近に感じられるのではないでしょうか。都道府県がなくなり、「圏域」で必要なサービスができるようにすれば、ソフト施策の充実につながります。

組織を再編する費用はいったん国債で発行して、5年、10年つないでいき、猶予期間を経たとしても10年後にそれを実現すれば、いずれコストは合います。そこまでの改革をやりとげる必要があると考えています。

森永　なるほど、おもしろいですね。

泉　現在、国は市町村に対して意外と「お好きにどうぞ」というスタンスなんです。でも、それをさせないのが都道府県で、国から来た命令を市町村に指示する立場にあると考えている。

実は国のほうは、あまり命令する気はなかったりするんです。大号令をかけたとしても、そのための財源を用意できないので、「市町村の皆さん、去年までの10のお金は用意できませんから9に減りますけれど、その代わり去年と同じ10の仕事はしなくていいです。選んでうまくやってください」と言うんです。

そこで市町村は、「国がそういうなら」と現状に合わせて仕事しようとすると、都道府県が、「だめです。10の仕事をやってください」と言う。市町村は「9しか予算がつかないのだから、それはできませんよ」と反論して、不毛なケンカになる。

こんな感じなので、都道府県の存在は、私に言わせれば有害といってもいい。それなのに、都道府県は「中間管理職」として君臨し続けています。だから、都道府県はなくてもいいと思っているのです。時代も変わっていて、すっきりと2層構造にしたほうがいいんです。

そこで、圏域として分けるなら、兵庫県だったら神戸市、阪神圏、姫路圏などに分けるイメージです。鳥取県や島根県は、そのまま「県」から「圏」にスライドできます。

繰り返しになりますが、１つの「圏」の目安は人口30万人から50万人ぐらい。だから、今は要件が緩和されましたが、かつて中核市の要件は人口30万人以上だったので、それより多いというところになります。

それでいうと人口１５２万人の神戸市はだいぶ大きいわけですが、それぞれの歴史的経緯を踏まえて構成していき、10年間ぐらいの経過措置も考慮して、ソフトランディングすれば実現可能ではないかと思います。そうなれば、一気に日本は活性化すると思っています。

再編成のポイントをわかりやすくいうと、「フルコースディナー方式」から、「ビュッフェ方式」への変更だといえます。

今は国が地方に向かって「食べたいものは何ですか」と聞いておきながら、全部をフルコースで出しているような状態です。

肉や魚、さらに野菜と食材を全部並べて提供するわけで、とにかく時間がかかって、しかもやたらと待たされる。そして一見豪華なようですが、その中には食べたくないものが出てきたり、あるいはすっかり満腹になってしまい、結局残してしまったりする。

しかも値段は高い。

それをビュッフェ方式に変えると、食べたい物を食べたい時に、必要なだけ取るようにできる。そうすればスピード感が出るし、メリハリがつくから地域特性が活かせて、材料コストも浮くんです。

ですから一見豪華なフルコースディナー方式の国家運営を、個性を活かしたビュッフェ方式に変えるだけで、自由で個性もあってコスパもよくなるわけです。

地方行政を問い直す道州制の是否

森永　制度疲労を起こしている国も救われ、地方自治体も自由に施策が打てて活性化する。なかなか優れたプランですね。

一方、地方分権の構想の1つとして、以前は道州制というプランも出されていました。これについてはいかがですか？

泉　道州制の実現に向けて、2000年代には内閣に担当大臣が置かれたこともありますが、私は反対なんです。

その理由は3層構造が残ってしまうことです。結局、都道府県が道州に置き換わる形になる可能性があるのです。

森永　道州制論者は、都道府県を超えた広域的な組織体を作り、国の権限をそこに移譲すべきだと主張していました。

泉　わざわざ組織体として「道州」を作らなくとも、権限を持った「圏」同士が、テーマと必要に応じて、広域の課題を議論し、調整をすればいいと私は考えます。治山・治水、港湾、道路などのインフラ整備、さらには広域にわたる観光プランや経済振興策など、権限をもつ者同士で話し合って決めれば事足りるのではないでしょうか。

森永　なるほど、「中間管理職」的な組織体がなくとも、各地方が広域で横断的に行うべき施策は実現できるということですね。すでに地方に行くと、清掃事業などでは市町村による広域連合が作られています。それぞれの課題に応じて、圏のなかで処理できるものは処理し、それでも足りない分を圏を超えて連携すればよいということですね。

泉　地方行政の改編は今こそ必要だと思います。そして基本的には3層構造を2層構造に変えるべきです。国家の役割を明確にしたうえで、各「圏」が権限と財源と責任をしっかりと持つようにすべきなのです。

今は国家が親玉の立場になって、すべてを決めていることに問題があります。権限もきちんと与えず、裏付けとなるお金、つまり地方交付税もいったん国が巻き上げて、指示に従った自治体に配るという、理不尽なことをやっています。

本来、地方財源は地方で自由に使えるようにすればよいのに、そうしていない。本来、各自治体にはお金がないわけではないんですよ。

それは親である国が、子どもの貯金箱から「悪いようにはしないから」とお金を取り上げてしまい、言うことを聞いたらお小遣いとして渡すという〝上から目線〟のやり方になっているわけです。子どもからすれば「ボクのお小遣いを返せ」という話ですよ。

地方の権限を尊重して、自立を促すような形が望ましいのではないでしょうか。

森永　自主財源の確保という政策は、私もそうすべきだと思います。ただ、もう1つ、国全体でみると、どうしても税収が大都市に集中するので、それをどう圏に配分するのかという問題は出てくると思います。もちろん、二重行政の廃止は、財政の効率化に大きく貢献することは間違いないですね。

泉　ちなみに私が明石市長になった当時、大阪府知事は橋下徹氏でした。彼は司法修習生時代の同期なんですが、「大阪都」という仕組みを設けて、二重行政を解消したり、財源効果を活かす、住民サービスの充実を図ろうとするなど、問題意識については私の考えと近いものがありました。

ただ「大阪維新の会」の都構想については、賛成ではありません。

森永　大阪都構想は、二重行政の解消どころか、かえって二重行政を作り出す側面も持っていましたからね。

魅力的な5つのブロック拠点をつくる

泉　最初に2つのポイントがあると言いましたが、前者の「東京一極集中」の改善策についても、私の持論を述べさせてください。

東京に魅力があることは、誰にも否定できません。首都なのですから当然でしょう。でも、集中しすぎることは様々な弊害をもたらします。そこで改めて言いますが、東京を潰すのではなくて、他を輝かせたらいいと思うのです。

具体的には、北海道の札幌市、東北の仙台市、東海の名古屋市、関西の大阪市、九州の福岡市を重点都市化して、そこをブロック拠点として魅力的な街にしていくのが現実的ではないかと思うんです。

福岡市はアジア圏との貿易や交流も盛んですし、アジアに開かれた形でベンチャービジネスなどの勢いがありますから、新しい産業を生み出すような活気のあるエリアとして位置づければいい。

大阪市は、関西エリアの雄として存在価値があります。大阪市、京都市、神戸市は反目せず、大阪市を中心にまとまって協力しあうべきです。

名古屋市は、トヨタを中心とした製造業の集積地として世界的に戦えるし、仙台市は東北全体の中心都市であり、札幌市は大農業生産地である北海道の中心であるだけでなく、ロシアとの漁業の関係も含めて重要な拠点です。これら5つの拠点都市をもっと輝かせていくようにすればいいと思うんです。

国と「圏」の2層構造としましたが、東京は別格として、この5つのブロックの拠点に対しては、政策的に若干バランスを変えて、一定の財源を付与したり、権限を大きくしてもよいのではないかと思います。圏域を設定したとしても、それぞれの圏域に対して、全国一律で、同じ権限やお金を与える必要はないということです。

森永　大阪と京都と神戸は仲が悪いですから、協力させるのは大変だと思いますが、拠点都市の整備によって、東京だけに集中するのではなく、ヒト、モノ、カネ、情報の流れが分散できるということですか？

泉　人間の営みとか、動きというものを、政治の力で変えられることは、限界があります。人がそれぞれにいろんな思いを持って移動することは止められない。政治によって大きくその動きを変えるというのは、ある種人間の傲慢でもあると私は思うんです。

でも、自然発生的な変化の流れを後押しするとか、多少のてこ入れすることはできるはずです。

もう、全国どこでも、同じ利便性を享受しなければいけない、という時代ではないと思うんです。利便性を享受したい人は東京圏や先に述べた5都市に集まればいい。利便性より、安く広く住める方がいいとか、趣味趣向に応じた仕事を求めるなら、そこに移り住めばいい。

今はIターン、Uターンの選択をする人も多いですし、職種によってはリモート対応ができる時代にもなっていますから、選択肢は増えているのではないでしょうか。

それに加えて、このあと肝心の「救民内閣構想」を紹介するとともに、省庁の再編についても触れますが、全国の5都市のブロック拠点の仕組みを推し進めるときに、そこに中央省庁のいずれかの移転をプラスしてもいいのではないでしょうか。

文化庁が2023年に京都に移転しましたが、そこには機能強化という側面がありました。それを先例として中央省庁を分散する。それは危機管理の上でも必要なことですから、議論してもいいと思いますね。

また、首都に限らず、大都市の周辺にはいわゆるベッドタウンがあります。森永さんがお住まいの所沢市も、私が住む明石市もそうですが、都市部に集中しすぎず周辺エリアを充実させるという方策も、現実的には有効でしょうね。

日本を連合国にする⁉

森永　本当に、様々なアイデアをお持ちなのですね。

泉　ここまでは現実路線の構想ですが、もう少し、壮大な構想を話してみてもいいですか？　といっても私自身は本気なんですが……。

それは何かというと「関西共和国」構想です。道州制に近いのですが、こちらは「独立」をイメージしています。

関西共和国とか九州国、北海道国、琉球王国と、それぞれが独立を促すような形をとる。世界に目を向ければ、アメリカが合衆国、イギリスは連合王国だったりしますし、ヨーロッパにはドイツやスイスなど連邦制の国があります。地域の文化や独自の政策を持ちながら、国としての方針に沿ってまとまっています。

だから関西は、関西共和国として独立して、公用語は関西弁。首都も大阪に置いて、日本国家から独立する。そんなイメージなのです。

また、知事や市長はアメリカの大統領選と同じ直接選挙で選びます。当然、有権者を強く意識しますし、県民、市民を向いて仕事をすることができます。

でも、今の日本は議員内閣制ですから、議員は選挙で選ばれたとしても、総理はどうしても議員の顔色をうかがうようになる。そこは直接選挙で選ぶような形に変えるだけで、日本の政治も変わるのではないかな、という思いもあります。

逆にいえば、東京だけで日本全国のことを決めるのは、合理的ではないのではないでしょうか。首都圏のことは東京が決める、北海道と関西と九州と沖縄の4つくらいは、それぞれ独立国家として自治を行うのも可能ではないか、と思っています。

もともと沖縄は琉球王国だったわけですし、九州はアジアと独自の外交をやってもいい。北海道はロシアとの連携か、三重は関西に入るのかなど、けっこう真剣に考えていますよ。ただ、先ほど挙げた「廃県置圏」の方が具体性のあるプランかもしれません。

森永 私もそう思います。正直言って、私はいまの大都市圏を残すことに反対なのです。というのも、いま日本は東京や大阪など太平洋ベルト地帯に人口の6割、付加価値の8割が集中しています。もともと地盤が弱く、水害にも弱い地域に経済や文化機能を集中させるのは、とても危険です。私は一億総農民構想なので、強い地域を作るのではなく、全国バラバラでよいと思うのですが、泉さん、ほかにも構想があったら、ぜひここでぶっちゃけてください（笑）。

泉　もしもの話でもいいですか？　これも1つのアイデアとして聞いていただければと思うのですが、「たとえば東京都知事になったら」という話です。

想像の話ですから、お読みの方々は「泉、立候補宣言か！」などと誤解しないでほしいんですが、たとえば私が東京都知事になったら、東京国を日本から独立させて、国会議事堂にいる国会議員たちにご退場いただく。

さらには千葉、埼玉、神奈川県知事と話し合い、住民投票を経て、賛成が多ければ、東京に併合する。そして「東京共和国」を立ち上げるのです。妄想の現代版〝国盗り物語〟ですね（笑）。

それぐらいの自由な発想を持って、国の在り方というものを問い始めてもいいのではないかなと思うんです。

今年は映画で『もしも徳川家康が総理大臣になったら』という作品もありました。私も見たのですが、大きな改革として「令和版・楽市楽座」や大規模農場のアイデアが出ていたりして、大いにうなずけるところもありましたね。そんなふうに、いろいろな施策を自由に考えてみるのもいいと思うんですよね。

世界情勢は常に変わりますし、日本だけが未来永劫変わらないともいえません。現状うまくいっていない部分もあるのですから、いろんな可能性を考えてみることも意味があることです。

既存政党の政権交代だけが、国のあり方を変える方法ではありません。もっと大きな改革の方法を考えてみるのも、ありではないでしょうか。

森永　私は40年間埼玉県民なので、東京なんかと一緒になりたくはありませんが、東京と一緒になりたいという住民はたくさんいます。何しろ東京はたくさんお金を持っていますからね。さて、先ほど橋下徹氏の話が出ましたが、私から見ると、泉さんと橋下氏は、主義主張がまったくの正反対のように見えるのですが……。

泉　彼は司法修習生時代の同期だと言いましたが、考え方は確かに真逆です。私は困ったときは「助け合うのをよし」としますが、彼は「自己責任とか自由競争をよし」としますから。

大阪万博は縮小・コンパクト化を検討すべき

森永　「泉さんが知事だったら」という話はとてもおもしろかったのですが、もし大阪の知事だったら、橋下氏が推し進めた２０２５年の大阪・関西万博はどうしますか？

泉　ここはまじめな話ですが、私だったらきっぱり止めますね。万博も公共事業だと考える人もいるかもしれませんが、高度経済成長時代なら、万博やオリンピックを開催したり、新幹線を通すということに意味があったでしょう。

でも、今の時代はそれよりむしろ国民のほうに光を当てるほうが重要です。国民にお金を残し、生活を豊かにする経済政策が必要だと思います。

森永　万博は橋下氏のアイデアが元になっていますよね。私は万博について明確に、反対の立場です。万博を隠れ蓑にＩＲ（統合型リゾート）計画を推し進め、市民を破産者にしようとしているのではないか、と思ってしまいます。

泉　そこは同じ意見です。万博ありきではなくて、ＩＲを実現させ、カジノを誘致し、そこから税金を巻き上げるためだろう、とみていました。その通りになってきている状況ですね。

私は弁護士時代から、ギャンブルが原因で家族が崩壊したり、犯罪に走ってしまった人の弁護も担当してきました。だから、ギャンブルは「百害あって一利なし」だと思っています。

また、親がギャンブルにハマってしまうと、そのシワ寄せが子どもたちに行きます。借金だらけになって、子どもが進学を断念することになったケースもたくさんみてきました。政治がカジノ誘致を主導するなんてとんでもない。私はそういう立場です。

ギャンブルにハマる人にはパターンがあって、最初は「少しぐらい」と思っているけれど、だんだん止められなくなって、借金漬けになったり、家族や親族のお金に手をつけたり、最後は会社のお金を横領してしまったりします。

明石市では全国初で「家族の会」と連携し、明石市役所でギャンブル依存症の対策相談会もやっていました。公営でギャンブルを扱うなら、そのような施策も、セットで考えるべきです。

例えばシンガポールにはカジノもありますが、そうした対策のしくみもある。日本は、現状では、カジノを誘致するようなことをしながら、何の対策もしていないように見えます。新ＮＩＳＡのように、リスクをわかっていながら、投資をさせようと躍起になっているのと同じことですよ。日本の政治家は、本当にどうかしていると思ってしまいます。

今年の春、メジャーリーグで活躍している大谷翔平選手の通訳・水原一平氏の問題が明るみに出ました。その後の大谷選手の活躍がすごすぎて、すっかり水原氏のことが遠くなってしまいましたが、ギャンブル依存症の問題点を浮き彫りにした面もあったと思います。

森永　「依存症」は深刻な問題です。それは投資でも同じで、私が近著の『投資依存症』で言いたかったことと重なります。

実はその本で、大阪・関西万博についても触れているんです。ギャンブルについてはもっと深刻にとらえたほうがいいですね。

泉　真に府民、市民のことを思うなら、守る政策をとっていただきたいです。横浜市もIR誘致を考えていましたが、２０２１年に誘致反対を訴えた現在の山中竹春市長が当選したこともあって、結局ストップしています。大阪市のほうはそのまま進んでいますが、縮小とかコンパクト化が現実的かもしれないですね。

森永　そういえば泉さんは、弁護士だったとき、お金がなくて弁護士に依頼できない人には無償で弁護をしていたそうですね。

泉　私が弁護士になった年齢は遅かったのですが、弁護士の職業は好きでしたし、性に合っていたのでしょうね。

弁護士法の第1条に弁護士の使命の条文があります。そこには「基本的人権の擁護と社会正義の実現」とあります。

基本的人権の擁護は「人助け」、社会正義の実現は「世直し」です。弁護士の仕事は人助けと世直しの仕事であって、お金儲けではありません。人のため、世のためにする仕事だと、今でもまじめに思っていますよ。

第6章

諦めを希望に変える救民内閣構想

ステップ1は各選挙区で与党候補をつぶす！

森永　先にも少し伺いましたが、泉さんには独自の内閣構想がおありなんですよね。

泉　はい。最近はいろいろなところで話していますが、国民を救うための「救民内閣構想」と名付けました。実現する道筋について、かなり具体的に考えています。

裏金問題が取り沙汰され、今年は数々の選挙で自民党は苦しい闘いを強いられながらも、総裁選ではただこれまでの派閥の縛りがなくなって、候補者が乱立しただけ。政策論争もおざなりで、代わり映えのしない権力闘争が続くだけの自民党に、嫌気がさしている人も多いはずです。

ポイントは、国民負担を強いる「冷たい政治」から、「国民を救う政治」への転換です。

今の政治状況を変えるには、野党がまとまって候補者を一本化し、大同団結をすることが大切です。ただ、必ずしも現在の野党にこだわりがあるわけではありません。立憲民主党あたりには財務省べったりの人もいるでしょうし、逆に自民党にも、心ある人がいるかもしれませんから。

さらに、「小選挙区で出たいが、すでに現職がいる」という議員候補者もいて、そんな人も巻き込めるかもしれません。

そこで一致団結して、雪崩現象を起こせば政権交代も実現することは不可能ではないと確信しています。

しかし、ただ勢いでぶつかっても、過去にあった「○○の乱」のように、一部の離反のように扱われて終わってしまっては意味がありません。さらに、総理大臣を一度立てるだけではだめなんです。

確実に今の政治状況を根本から変えるためには、総理候補は1人では足らない。最低3人いると思っています。そして、正当な方法で改革を実現するために、衆議院、参議院合わせて、選挙は5回必要です。

それにはまず、志を同じくする仲間で、衆議院の465のうち過半数の233議席の過半数をとることが必要です。

そこでは全国289ある小選挙区で一騎打ちに持ち込み、勝つこと。なおかつ、比例でも一定の支持が得られれば、十分可能だと見込んでいます。

これまで政権交代が進まなかった理由は、野党側に、政権を担うためのリアリティが欠けていたことがあります。党勢拡大ばかりが頭にあって、選挙では比例狙いになっていたりするんです。

そこで比例の議席を上積みするために票を掘り起こそうとして、とにかく小選挙区に人を立てるわけですが、その結果、野党が分裂して、与党自民党は過半数の得票がなくても、小選挙区でトップを獲得してしまう結果になる。

そして、「比例の議席は票数で各党に割り振られるのだから」と、比例票を獲得することを頭において、重複立候補することで比例復活の可能性を狙っている政治家の多いこと多いこと……。

私が思うに、野党各党は重複立候補を控えて、候補者には小選挙区か比例か、どちらかを選択させる。そして同じ選挙区で候補者がかちあったら予備選をして、統一の候補者を決めるのです。その候補者が自民党と一騎打ちをしたら、十分勝機はあります。

森永　野党同士がつぶしあって、与党候補が高笑いする図式は残念の一言ですから。

泉　本当にそうです。私は重複立候補を禁止すればいいと思っています。そして予備選の仕組みを取り入れたらいい。

連立ということで思い出すのは、小池百合子都知事が希望の党で一時は飛ぶ鳥を落とす勢いでブームになりかけたのに、「排除します」という一言であっけなくしぼんでしまった。いざ団結というときに、排除の論理というのはよくないですね。

勝ち馬に乗るための連立でなく、志を実現するための連立を実現すべきですね。

5回の選挙を勝ちきって法律改正へ！

森永　それが何よりもの始まりであると。

泉　じつは政権交代で総理を生んだとしても、それは始まりの始まりにすぎません。そこで選ばれた最初の総理が、これまで続いてきた「国民負担増政治」を止めることはできます。でも、総理指名に協力した国会議員が、大きな方針転換を伴う予算案に賛成するとは限りません。各議員にはしがらみや様々な事情があります。そう単純な話ではないのです。

また財務省をはじめとする既得権益の側は手強いですから、方針転換を図ろうとした瞬間に、あることないことをリークされ、マスコミにネガティブキャンペーンを張られて失脚しかねません。

そこでは「国策捜査」も行われるかもしれない。つまり、マスコミと検察の餌食になってしまうのです。

これまでもそうであったように、国民の人気の高い総理大臣がいきなりスキャンダルに見舞われて失脚する可能性が高いでしょう。

森永　そんなところまで、見通しておられるのですね。

泉　そうです。だから、1人目の総理は長く持ちません。でも、その総理が失脚しても、諦めずに2人目の総理を送り込みます。

2人目が登場したら、解散総選挙に打って出る。解散総選挙をもう1回やれば、ようやく、森永さんのおっしゃる〝ザイム真理教〟に染まった国会議員の多くを、入れ替えることができます。場合によっては、政党トップとしての公認権を使ってメンバーを入れ替えながら、それでやっと予算が通りそうな状況に近づくのです。

ここでの先例は、小泉純一郎元総理がとった手法が参考になります。かつて郵政民営化に反対する議員を「抵抗勢力」と呼び、まさかの「刺客」となる対立候補を立てたことがありました。そこまでやるか、と思うくらいのことをしないと、改革は進みません。

またタイミングも重要です。もし年末に勝ったとしても、その後、予算編成をすぐにしたくても次年度予算には間に合いません。勢いだけでもだめですが、物事のタイミングは重要です。

そして次に、法律改正を実現させるために参議院選挙も必要です。参議院は半数改選ですから、２０２５年と２０２８年の2回の参議院選挙も勝ち切る。

その間にもう1回衆議院選挙を行い、衆議院選挙3回と参議院選挙2回の計5回をすべて勝つ必要があります。そうすると、国会議員がガラッと入れ替わり、やっと法律を自由に通すことができて、今の日本の裏金政治、金権政治からの脱却がみえてくる。

森永　なるほど。

泉　この道のりを、誤解を恐れずあえて「ゲーム」という言い方をすると、ゲームを勝つためにわれわれ「国民の味方チーム」に賛同してくれる人を、衆議院465のうちの233人以上にすることです。

まずは、同じ人物の名前を書いて総理のイスを取る。将棋でいえば王将の駒ですね。先に「政権交代で総理を取って、できることは、これまでの政治を止めることだ」と言いました。アメリカのように、大統領とまでいかなくても、日本の総理大臣にも相応の力がありますから、総理の座をとることに意味があります。

しかし、おそらく簡単ではありません。対する「ザイム真理教チーム」と相打ちで1人目の総理が失脚の憂き目に遭い、2人目もおそらく財務省と相打ちで共に倒れると思いますから、3人ぐらい総理がいると思っているんですよ。

森永　そこはこれまでのご経験から。

泉　明石市長の12年間、私はずっとネガティブキャンペーンにさらされていました。リークされるのは「あること、ないこと」じゃないんです。身に覚えのない「ないこと、ないこと」をでっちあげられ、それで検察が動いて、捜査に挑むことは十分あり得る。だから繰り返しになりますが、総理を取った後、警戒すべきは財務省のリーク情報に基づくマスコミのネガティブキャンペーンと検察の捜査です。

まさに国策捜査ですよ。たとえば財務省は、国税庁を使って脱税疑惑をでっち上げるとか、政治規制法違反の疑いをかけて検察が動くとか。大マスコミや権力のいいなりの検察との戦いが始まるから、そこで持ち応えられるかどうかにかかってきます。

ジャーナリストの田原総一朗さんとも話したのですが、2009年から2012年まで続いた民主党政権のときには、検察が政治資金規正法の違反容疑などで、小沢一郎氏を標的にしたようです。

また、1993年から翌年まで続いた細川護熙政権でも、佐川急便からの借入金処理問題という10年前のネタによって、マスコミのネガティブキャンペーンが続き、それに屈したものだとされています。連立政権内の内輪もめが理由だという人もいるようですが……。

森永　政権の維持ができなくなる理由は、一つとは限らないでしょうね。しかし、財務省は中央省庁の頂点に君臨し、警察や検察は財務省に決して逆らえない事情があるんです。多くの事件の捜査には、銀行取引とか財務申告などの財務データが必要ですし、財務省を敵にはできない。

ほかの省庁だって、予算や財源の兼ね合いで財務省には頭が上がらない。

泉　彼らは正義の味方ではないということですね。検察だってまさに中央省庁の味方だし、大手マスコミも同じ。

森永　これまでの本にも書きましたが、大手新聞社はザイム真理教のサポーターだといえますからね。大手新聞が過去に変節したことはすでに言いましたが、彼らに忖度した記事ばかり書くようになりました。また、大手民間テレビ局は新聞社の系列になっていますから、テレビも同じです。

泉　メディアも信用なりませんね。われわれが勝つためには圧倒的な国民の支持をもってしないと達成できない。国家の主権である国民が、ザイム真理教チームVS国民の味方チーム総理の戦いで、優勢に立てるかどうかにかかっています。

国会で勝って終わりではない

泉　さきほど、野党の連立だといいましたが、最初の総理は同じ政党に属している必要はないわけです。様々なバラバラの政党であっても、「この指とまれ」で、あるひとりの人物に投票して総理に押し上げればいい。

森永　１９９３年の細川政権の誕生を思い出しますね。自民党は初めて野党に転落し、新生党、新党さきがけ、日本新党、社会党などが加わった連立内閣です。

泉　あの時は非自民で8党の連立でした。８つの党派が組んで、そろって細川総理の名前を書いたことで細川総理が誕生した。まさに大同団結して１人の総理を選ぶというイメージです。

その後、状況によっては、団結した党派が１つになって戦っていければよいのです。そして新たな政党では、メンバーが入れ替わる可能性も高いと思っているんです。実際のところ、「現在永田町にいる政治家は、半分残らなくてもいい」というぐらいのイメージです。

これまでの古い政治に漬かっている方々は、かなりの方がザイム真理教に染まってしまっています。そこから脱することができればよいのですが、できない方については、ご退場いただくしかないと思いますね。

既存政党の主だった方々は、言葉は悪いですが、財務省に媚びを売ることで出世できているわけです。財務省に歯向かったら、ネガティブキャンペーンを発動されて、潰されてしまったりするでしょう。小沢一郎氏がそうだったように。

森永　あるかもしれません。

泉　やはり財務省との戦いに挑むのは相当な覚悟が必要です。先日の自民党総裁選で注目されたり、力を持っている人の大半は、財務省にかわいがられている方々ですから。

総裁選で一気に知名度を上げた小林鷹之氏はそもそも財務省出身ですし、誰も彼も財務省べったり。そういう意味では顔が知られている政治家たちは与野党問わず……。

森永　ザイム真理教の魔の手が。

泉　そして、先に述べたような5回の選挙を勝ちきったとしても、実はまだそれで始まりなんです。本当に改革を成し遂げるには、国会だけで終わりではありません。

本当の意味で国民の方を向いた体制づくりには、先に述べた廃〝県〟置〝圏〟、国・都道府県・市町村の3層構造を2層に変え、中央省庁の再編をすることも含めて、考えなければなりません。

ですから、その次の敵は47都道府県の知事たちと、全国およそ1700もの市長・町長、さらに各市会議員、町議会議員たちです。まさに既得権益との全面戦争です。

これは生半可なものではないですし、5回の選挙に勝っても、それがスタートだということなんです。

森永　そうなると、10年計画ですか?

泉　私の見立てでは、その期間は10年ではすみません。5回の選挙という最初のハードルを乗り越えて、都道府県の市町村の一体化という2層構造への改革、抜本的な中央省庁再編に手をつける。先に述べたように、明治維新に匹敵するような、〝令和の大革命〟を成し遂げねばならないのです。

森永　明治維新レベルの改革とは、本当に凄いプランですね。

ステップ2で行政の構造を変える！

泉 そうして初めて、国民と一緒に新しい日本の夜明けに向かっていけることになります。明治維新がスタートしてから完成するまで、20、30年はかかっている。実は私は歴史の授業で大化の改新を習ったときに、強い憧れを持ったんですが、その大化の改新も10年ほどはかかっている。

ですから、われわれの改革に話を戻すと、最初の5年くらいで5回の選挙に勝って、ようやく本格的な改革がスタートする。そしてその後の5年で新たな形を作る。経過措置も必要ですからもう10年、合計20年ぐらいかけるイメージでしょうか。

大きな変革を起こす場合は、揺り戻し、反動も起こるでしょうから、それも踏まえて改革したものを維持し続けなければいけない。

でも、それを成し遂げられたら、日本は復活できるのではないかと思っています。政権交代ができたなら、その時点でかなりの勢いが日本中に浸透しているはずです。私は

２０２４年の夏に61歳になりましたが、もともと「10歳の少年の誓い」を50年近くかけて成し遂げました。しぶといですよ。

森永　費用などの財源については？

泉　先に、都道府県と市町村の枠組みを変えることでコストが浮く、ということを述べました。再編に際してかかる費用は一旦国債発行で中つなぎをしたとしても、思い切った行政改革でコストは浮くんです。

シンプルに言うなら、公務員は半分で足りるのだから、３層構造を２層構造に再編するだけで、帳尻は合うと思っています。

一方で、中央省庁の再編も行わねばなりません。これによって権限を取っ払っていけるので、それに伴うコストも削減できることになります。たとえば国土交通省、経済産業省、文部科学省、総務省……私の考えでは、解体といえるぐらいの再編ができるという考えをもっています。

森永　財務省については、国税庁を分離すべきだというご意見ですよね。私も同感です。そもそも２００１年の中央省庁の再編で、大蔵省が解体されたのは、その時点でも力を持ちすぎていたことが理由だといわれています。
それで財務省と金融庁に分けられましたが、まだまだ力が大きすぎる。実質的に国税庁の中枢は財務省のキャリア官僚が支配しています。脱税問題をでっち上げて、政治家や経営者にプレッシャーをかけるのも、思いのままです。

泉　「脱税問題」が武器に使われる傾向が強いわけですから、国税庁は財務省から切り離す必要があります。表立って批判しなくても、現在の国税庁のやり方に苦々しい思いでいる人は多いでしょうね。

20年分のシナリオを書ききりたい

泉　私はその中央省庁の再編も含めて、「令和の大改革」に挑むシナリオを書きたいと考えているんです。

森永　泉さんは3人目の総理ということではないんですか？

泉　ありがたいことに、皆さんに〝役者〟としての政治家を担ってほしいと、期待の声もいただきます。ただ、私なんてどこを取ったって失言だらけですから、出た途端に叩かれるでしょう（笑）。

明石市長の12年間はずっとそうでしたから、逆風には慣れていますが、今の私がやるべきなのは、世論喚起とか、メッセージを伝える役目ではないかと思っています。みなさんせっかちで、すぐに政権交代だとおっしゃいますが、そんな簡単にはいきませんから。

ただ、私もこれまで、全身全霊で政治家をやってきた自負も経験もありますから、これからのシナリオをしっかり書いて、それを伝えていきたいと思っています。

もちろん市長時代にやってきて、国に応用できることもありますし、今まで手掛けていないこともあります。たとえばエネルギー・原発政策、食料安保戦略、外交、防衛などです。だから、経験値が足りない部分はもっと勉強して、その分野の第一人者とか専門家にお知恵を借りてやっていきたいですね。

森永　それで、政策提言の幅を広げていくということですね。

泉　大きな改革のために、どんどん次の手を打っていくには、１人ではできません。また私は今後、289の選挙区から出馬する候補者への目配りをせねばなりません。自分が立候補してしまったら、1つの選挙区に張り付いていなければならないので、目配りができなくなります。

私の役割としては、まずはシナリオを書くこと。そして5回の選挙であれば5回の選挙のキャスティングが必要で、それを行うこと。つまり5回、映画のロードショーを成功させるようなものです。私の役割は映画でいうところのシナリオを書いて、総監督を務めるということでしょうね。

森永　なるほど、壮大な計画です。

泉　シナリオも20年分ぐらいのストーリーですからね。シナリオは状況に応じて途中で変えてもいいし、現場で変更することもありです。ただ、いったんは20年分を用意する必要性を感じています。

そしてそれは、全部自分1人で書きたいわけではなく、「みんなで書きましょう」という感じです。自分は言い出しっぺとして、1つの案を示す責任があると思うから、A案かB案などの、「泉案」を示すから、違うC案、D案のアイデアをぜひ出してほしいですね。アイデアに文句があれば、どんどん議論しましょう。ただポイントは、「本気で日本を変えましょうという気持ち」です。

森永　みんなでつくるわけですね。

泉　繰り返しになりますが、日本という国の行く末を諦めたり、いつまでも現状を愚痴るのではない。「自分たちの力で変えていくことが可能なんだから、一緒に変えましょう」と言っています。愚痴っている暇があったら、どうやって変えるかを考えた方がいい、という提案ですね。

国民の声を聞き、国民の力を活かす

森永　キャスティングについても、泉さんの方針ははっきりしているのですか？

泉　大事なのは「国民のほうを向き、国民を大事にする政治をやりたい」と思うかどうか。一般人には続々と立候補してほしい。「無名でも、組織の力が背後になくても、どんどん当選していく」というストーリーを思い描いています。

たとえば、子育て真っ盛りの一般人が「私でよろしければ……」と声を上げてくれる。志が同じであれば、みんなチームの一員ですから、それでつながりを広げていきたい。

明石市の場合には、去年の選挙で私は立候補しなかったわけですが、私の後継といえる市長は自民・公明・維新が組んだ対立候補に、ダブルスコアで勝っています。

また、市会議員候補を公募したら、70人が手を挙げてくださって、市会議員に5人、県会議員に1人が立候補した。その結果、完全無名の新人も含めて、全員圧勝だったのです。

明石では、無名の新人が圧勝できるところまできました。それを国レベルまでもっていくのが自分の役割です。明石で何が変わったかというと、市民が政党ではなく、本気の政治家を選ぶように変わったわけです。

それが全国でできないとは思っていません。自分のノウハウも託して全国展開をするシナリオを書きます。それが私の使命であり、しっかりと役割を果たしたいと思っています。

一方で著名人でも、率先して手を挙げてくれる人、あるいは政治の〝役者〟になりたいと望む人、担がれたい人は意外といるんです。

タレントや芸能人が選挙に出ると、「売名行為じゃないか」「議員が務まるのか」などといわれたりしますが、要はやる気があるか否かです。

今もウクライナでロシアと互角に戦っているゼレンスキー大統領がコメディ俳優だったのは有名な話です。政治風刺ドラマで、一市民が大統領になる役を演じたら、本当にそうなってしまった。もともと、キーウ国立経済大学で法学を専攻した方なのだそうです。

ゼレンンスキー大統領の前任であるポロシェンコ大統領は、親ロシア派でしたが、ゼレンンスキー大統領はドラマのタイトルでもあった「国民の僕（しもべ）」という名前の政党を立ち上げ、既成権力や汚職とは無縁のポピュリストであることを国民にアピールして、本当に大統領になってしまった。その闘いぶりにはとても親近感を覚えます。ですから政治家に必要なのは経歴ではなくて、やはり本気の思いです。

とはいえ、名前と顔が知られている人は、国民にも強くアピールできるし、そもそも魅力や表現力を備えている人も多いですし、演説も上手です。

もちろん立候補を募るだけでなく、場合によってはスカウトしたり、候補者の幅を広げていきたいです。そのために私は、もっと影響力を発揮していかなくてはいけません。最近は、東京と関西をしょっちゅう行き来していますし、テレビにラジオ、WEBにイベント、いろんなところに出かけています。

報道情報番組では、つい早口で熱弁すぎてしまうためか、お呼びがかからなくなることもありますが、ネットワークを広げて、「えっあの人も」というくらいの人間が続々と協力してくれるような状況を作らないといけないと思っています。最近はクイズなどのバラエティ番組にも出ていますし、何事も経験です。とにかく人脈づくり、制度設計、もうやることだらけです。

森永　シナリオライターや、映画の総監督のイメージとのことですが、たとえば自分よりも適任だと感じる人がいたりしたら、どうします？

泉　その場合は、もちろんお任せするのもアリです。でも、今のところはまだまだ自分の役目だと思って、あちこちでこの話を言い続けています。

こんな熱血モードで救民内閣とか、本気で総理をとるとか言い出したら、もっとバカにされたり、冷たい反応がくるかと思ったのですが、ありがたいことに、意外と聞いてくれる人も多いんです。

森永さんもそうだし、田原さんも、様々な人がおもしろがって、一種応援モードでラジオとか、いろんな場所に呼んでくれたりします。

国の仕組みを変えるような大きな話が、「それって必要かもね」に変わってきているのを実感しますし、時代が大きく変わりつつあるんだなと思います。

いまのような激動の時代ではなく、もっと安定したときならば、私みたいな存在は「危ない人」として逮捕されてしまうかもしれません。でも今は、「この人、本気で言っているな」と伝わって、「それもありかも」と思ってくれる。

堀江貴文氏は、どこまで本気なのかわかりませんが、「泉に1000億円支援し、政権交代だ！」などと言ってくれています。重要なのは本気かどうかです。国民の声に耳を傾け、国民の力を活かす、主役は国民なんです。

諦めを希望に変えるために

泉　これに対して、現在の「永田町の住民」は、現時点の権力者や身内ばかり見て、ほとんど国民に関心を払っていない。本当に日本を背負う国会議員かと、不思議でなりません。たとえば、今は与党に与している公明党は、もともとは福祉を重視していた政党です。それこそ国民に寄り添い、国民のために働く主義主張をもっていたはずです。

しかし、大臣ポストをつかんで、すっかり与党の顔をしている。以前は、国民のためにならないと思えば、状況によっては政権離脱の意志をちらつかせて、自民党を振り回すくらいの存在でもあったんです。ですから、原点を思い出してほしいと言いたい。

自分で言うのも何ですが、私はこう見えて結構真面目に考えているんです。明治維新を引き合いに出すのも本当にそう思っているからだし、国民の力を集めて、同じ気持ちをもつ者同士で連携して、本当に総理も取ればいいと考えています。

しかも「1回では足らない」なんて言っているので、みんなびっくりして面白がってくれているのかもしれません。

ちょっとクサいかもしれませんが、私の役割は諦めを希望に変えることです。政治というものがズルくて汚いものだと罵っていても現実は変わらない。批判で終わるのではなく夢を持つこと。そこに共感してくれる人を探したいし、どんどんキャスティングしたいんですよね。

第7章

政治の力を信じるために

方針・予算・人事の権限を取り戻す

森永　泉さんの功績は、子育て政策の成功はもちろんですが、それが地域の経済活性化につながったことですね。

泉　明石の取り組みについては、社会活動家の湯浅誠さんが「アカシノミクス」と名付けてくださいました。方向性は本家の「アベノミクス」とは真逆ですが。

森永　アベノミクスといえば、亡くなった安倍元総理は反財務省のスタンスを貫いていましたが、結果的には消費税増税を許してしまいました。

そもそも第2次安倍政権では、金融緩和、財政出動、成長戦略の3本の矢で、日本経済をデフレから脱却させようとした。

第1の矢とされた金融緩和はうまくいき、株価は2万円台まで上がりました。また当時は100円を切るような円高だったのを、円安に導いたのも功績だとされています。

しかし、2番目の矢である財政出動が十分にできなかったのは、消費税の税率引き上げの影響だと、私は思っています。

中には、消費税増税による景気後退をアベノミクスの失敗ととらえている人がいますが、そうではないのです。消費税を引き上げたら、アベノミクスが骨抜きになってしまうことを安倍元総理はご自身でもわかっていたのですから。

泉　反財務省だったのに、本人が一番残念でしょうね。それほどザイム真理教は手強いということでしょうか。

私は市長時代のほとんどが安倍政権時代と重なっているんです。アベノミクスは大企業や富裕層を優遇すれば、利益が再分配され、いずれ国民全体が潤うというトリクルダウン理論を掲げていました。でも、実質賃金は結局上がらず、非正規雇用が増えて、庶民が潤うということにはつながりませんでした。

大企業や富裕層など、強い者をさらに強くしようとする一方で、困っている人には目を向けていなかった。だから私の考えとは正反対です。

だから、私はアベノミクスとはまったく違う手法で市民を豊かにしようとしたのです。先に挙げた5つの無料によって、子育てに手厚い施策をとったことで共稼ぎの夫婦が増え、経済が活性化して地価も上がり、さらに住民サービスを充実させることができる好循環が生まれました。

でも就任当初は職員から、私の行動を牽制するかのように、「市長に人事権はありません」といわれましたし、逆風の中で、役所の中に手強く残る横並び意識とか、前例主義を少しずつ変えていきました。

森永　人事にも英断をくだしていますよね。先ほどの安倍政権でいえば、特徴的だったことの1つに、2014年に内閣人事局を創設して、中央省庁の人事権を握るようになったことがあります。そこから官僚が政治家に忖度をするようになったといわれますが、それこそ官邸主導、政治主導ですね。

泉　首相官邸と張り合うわけではないですが、私も人事や予算の面では職員とかなり闘いましたね。市長の仕事には、方針を決定し、人事を決め、それに予算をつけるということがあります。でも、私が市役所に入った最初の頃、実質的にはそれができる体制ではありませんでした。方針は政策部の部長、予算は財務部の部長、人事は総務部の部長がそれぞれ決めるようになっていて、バラバラだったんです。

それを私は、政策部から方針決定権を取り、財務部から予算編成権を、総務部から人事権を取りました。私は市長になって3つの権限を全部市長に集めたのです。

そして、取り組むべき明石市の方針として、「子どもの街でいく」「誰一人取り残さない」の2つを決め、子どもにかける予算を2・4倍にし、それに伴って人事で、子どもを担当する職員を4倍に増やした。方針決定権と予算編成権と人事権をとったからこそ、やりたかったことを実現できたんです。

森永　いくら強い思いがあったとしても、楽な道のりではなかったでしょう？

泉　就任当初からずっと四面楚歌で、職員も市会議員もいわば敵のような状態で、味方はほとんどいませんでした。さらに、国や県が嫌がらせをしてきます。マスコミだって12年間ずっと、ネガティブキャンペーンを張ってきたのです。

そんな状況でがんばれたのは、明石市民の多くが私の顔を見るたびに「私たちはわかっている！　市長、マスコミに負けないで！」と言ってくれたからですよ。今思い出しても涙が出るほどです。

失言の責任をとって退任したものの、でもその後の選挙で勝つことができました。それも7割の圧勝でした。敵も味方も全員がびっくりしていました。明石市はどうなっているんだ、あんなむちゃくちゃな市長がなぜ圧勝するんだといって。

森永　市民は理解してくれたということですね。

地域に応じた改革案を

森永　子育て政策は、どんな国も自治体も取り組まなければいけない問題ですが、地域特性に応じたバリエーションも必要ですね。

泉　明石は大阪と神戸にはさまれたベッドタウンです。そこで、私が市長になって選んだ方針は、明石はこれから「育てる」と「暮らす」の2つにおいて全国一を目指す、その代わり「学ぶ」「遊ぶ」「働く」は捨てると言ったんです。

大都市に比べて家賃や住宅価格は安く済む。位置的には、大阪から1時間ほどのところにあるのだから、大学も職場も明石市内につくらず、通えばいいんです。

大学も誘致しましょう、デートのしやすい観光名所も作りましょう、産業誘致を働きかけましょうなど、あれもこれも手を出せるわけがないのです。だから、ある意味で見切りをつけた。でも、それが成功の秘訣といえます。

それでどうなったかというと、明石市で育った子どもが、高校を卒業して大学、就職で市外へ出て行くのはしかたがないと諦めた。

でも、いざ結婚して子どもを育てようとしたときには、子育てにはこんなにお金が必要で、手間もかかると気がつく。

そこで2人目でどうするかと悩んで明石市に戻って来る。すると、明石市は住むのにコストが低くて済む。しかも行政が手厚くて、幼児保育も助けてくれる。親が病気でも子どもの面倒を見てくれて、2人目以降の保育料は無料、医療も無料……そうなったら引っ越しますよね。

その事実がだんだん広まるにつれて、明石市からいったん出た人でも、子どもとともに帰ってくるケースが増えたんです。

以上をまとめると、明石市で育った子どもが市外へ1人出て行く。その後、結婚して夫婦2人になり。子どもを作って3人になる。そこで明石市に戻ってきて、2人目、3

人目の子どもを産むと、4人、5人の家族になる。そうやって、明石市の人口も自然増ができたんです。

森永　聞けば聞くほど納得します。明石市への思いも深いものがありますね。

泉　自分が生まれ育ったところですから。ふるさとへの愛はあります。

この明石というのは、とても歴史が古い土地なんです。明石原人とか、アカシゾウをお聞きになったこともありますでしょう。明石市の文化博物館に展示されていますが、どちらも明石市の海岸線で発見されたんです。

原人もゾウも、日本という国ができるもっと前から明石にいたのです。そして古代から発展していたのは、気候が温暖で、日照時間が最も長いからだそうです。

また、大化の改新の起こった飛鳥時代、今の兵庫県エリアはほとんど明石国だったといわれています。源氏物語にも、明石の姫君や明石入道が登場するように、その後も歴史のある地域だったんですよ。その後、土地の区画はたびたび変わり、昔に比べたら小さくなってしまいましたが。

森永　ふるさとに向ける愛情も市民に伝わっているのでしょうね。

泉　市長になる前に明石市で「いずみ法律事務所」を開きました。そのときは庶民により添うことを目指していました。

その後、衆議院議員になりましたが、議員立法に力を入れ、２００４年に犯罪被害者等基本法や振り込め詐欺防止法（無年金障害者救済法、オレオレ詐欺対策のための口座売買禁止法、ヤミ金対策のための年金担保融資禁止法など）の成立にかかわりました。

議員立法は、官僚主導の内閣提出法案とは異なり、議員が起案するものです。私は弁護士でしたから、法律への思いもあって、たくさんの立法に取り組みました。そのために「これだけ議員立法を通すのは田中角栄以来だ」と言われましたよ。

だから政治主導へのこだわりもあります。とくに「弱者救済」を自分のテーマにしていましたし、弁護士として様々なケースを見てきましたから、経験を活かして犯罪被害者、障害者、介護保険などの法案を手がけました。成年後見制度の問題にも関わりました。

忙しい日々の中、当時は議員宿舎に住んでいましたが、同僚と話してみると、議員や官僚が世の中を知らなすぎることに驚きましたね。庶民の生活も、犯罪者、障害者、そうした人々の苦労もよく知りません。

自分たちが特権的な立場にいるつもりかもしれませんが、お受験や中高一貫の進学校、東大法学部、どれも小さな世界です。だから庶民が何を思っているのかも、想像もできないのでしょうね。

森永　その後に市長になられた。

泉　そうです。地元で私が奮闘していることを知っている人も多かったので、多くの市民が手弁当で応援してくれました。

市長選挙に当選した時は人口30万人の明石市で69票差でしたから、誤差のようなものだったといえるかもしれませんが、勝ちは勝ちです。

ありがたいことに、やはり市民の応援があってこそです。ここまでの経験をした私だからこそ、本当の改革をするには、国レベルでも国民の応援が必要だと感じています。

状況を読み、合理的に判断する

森永　泉さんは何事もすごく合理的に考えていますよね。政策の判断はどのようになされているのでしょうか。

泉　実は私、将棋が好きでしてね。先に救民内閣構想についてお話しした際、ゲームという言い方をしましたが、政策決定とか、物事の流れを読むときに、詰め将棋の思考法はすごく役に立つんです。

決して不謹慎な話ではなく、真剣に状況を読み切るのです。個々の政策についても、詰め将棋をするように、いろんな攻め方を考えます。

だから私が考え抜いて出した1手目に対して、常識にとらわれている人々は驚いて、「いきなり角や飛車を捨てたらいけません」という反応がきたりします。

でも、私の頭の中にはきちんと理論があって、この9手詰の詰め将棋ではこの駒はなくした方が詰みやすいとか、流れを読み切っていますから、「いや、これはいらんねん」

と断言することができるんです。

それでいうと、明石市長としての個々の政策は詰め将棋のように。市政運営全体は本将棋のように、将棋の局面のようにとらえて綿密に考えました。

この局面ではこの手をさすのがベストだと考えても、相手はどう動くか分からない。どう動いたって最後勝ち切れると見通して、自分なりの考えを積み上げる。

そういう意味では負けない将棋をやっているような状況で、市政運営に取り組んできたんです。

森永　それはおもしろい！

泉　国政はもっと大きいから、数多くの勝負を勝ち続けなければいけない。でも勝負は1局ではないと思うんです。そこでイメージするのは棋士の藤井聡太七冠です。

史上最年少でプロ入りした後は、公式戦を最多連勝したり、様々な記録を塗り替えて史上初の八冠全冠制覇を果たしました。藤井聡太は初失冠して1つ落ちてしまったけど、一度は八冠取っていますし、彼が将棋の各名人戦を勝ち続けていったようなイメージを私も思い描いています。

これからの20年も勝ち続けるために、様々な手を打っていかないといけませんが、決してできない話ではない。勝ち続けるとはいっても、3勝2敗とか、4勝3敗のように、全勝しなければいけないわけではないですから。

それをこれからは私ひとりではなく、仲間を集めて、みんなで一緒にやりませんか、というところですね。

森永 これまでの実績がおありですし、説得力が違います。

泉 流れや状況を読み切って、なおかつ実行する。その両方ですね。

森永 泉さんが考え抜いた明石市の子育て支援は、いまや各地に広がっています。

泉 意外に思われるかもしれませんが、明石市の政策を最も反映したのは東京都なのです。さすがに東京都には、明石市にくらべれば膨大な財源があるから、決めれば効果的な政策が実行できるんです。

早さを競うわけではないですが、保育料、給食費、児童手当も全国初が明石市で、そのあとで東京都が追随してきました。

森永 東京都は持っている予算金額の桁が違いますからね。

泉　明石市にはお金があったわけではないですが、やる気があったからやれた。東京都には貯金箱にお金がたくさん貯まっているから、決めればすぐにできた。

私は、「お金がないからないなりに、やるべきだ」という立場です。東京都はせっかく財源があるのだからもっと早くできたはず……と言いたいところですが、それも2024年6月の小池知事の3選につながっているのかもしれませんね。

森永　泉さんがなぜ素晴らしいかというと、状況を読むだけでなく、しかも明石市での取り組みをお金にあかせてやったわけではないからです。やる気とか、根性とか、気持ちでやったというところがいいんですよね。

市長の経験を全国に広げる

森永　そういえば私の地元の所沢市で、2023年秋に市長選がありました。泉さんは小野塚勝俊氏の選挙応援をしていらっしゃいましたね。彼は圧勝しましたが、どのような経緯で応援に至ったのですか？

泉　もともと私は２０２３年４月に12年の市長勤めを終えて今後を考えたとき、明石市でできた政策は、首都圏も含め、他の自治体でもできるということを、ぜひ証明したいと考えていました。

子育て層のほとんどは経済面では苦しい世代で、お金を使いたくても使えない状況です。でも金銭的な負担を軽減することで、その層が、たとえば地元の商店街でお金を使い始め、その結果、地元経済が潤ってきたんですよ。明石ではそれを証明できた。

それを成功事例として見てくださって、全国各地から応援してほしいという連絡をいろいろともらっていたんです。その中に小野塚氏からの依頼もありました。お会いして話をしたら、すっかり意気投合してしまったんです。

彼は「市民の立場に立って、市民の負担を軽減する」とか、「子育て支援を一気にやりたい」など、しっかりとした考えをもっていて、所沢市政の課題や問題を確認しながら戦略を練りました。

私から条件として提案したのは、市民だけで選挙をすること。政党や団体には一切支援を求めないことなどでした。経験上、政党の応援を頼まず、普通の市民だけで勝負をするほうがむしろ勝ちやすいんです。

森永　彼はもともと民主党の国会議員だったんです。でも、党本部がなかなか彼に公認を与えなかった。私は仕事上、立憲民主党の幹部たちといろいろと付き合いがあったので、小野塚氏のことを、「市民の人気もあるし、公認を与えてください」とずっと言ってきたんです。「絶対勝てるから」と言いましたが、結局彼に公認を出さなかった。それなら他の人に出すのかというとそうでもなくて、内輪もめの中で宙ぶらりんになって、結局自民党の候補に敗れて……というのを繰り返してきたのです。

たしかに小野塚氏は泉さんと発想が似ていて、消費税の減税と手取りを増やすことも主張していました。公認が得られなかったのは、そのあたりが立憲民主党幹部に気に入られなかったのではないかと私は思っています。

泉　彼には市長になってやりたいことを全部書き出せといいました。すると彼は、思っていることを書き出し、それを選挙ビラにまとめて、さっそくそれを全戸に配ったのです。彼の演説は熱心に聞いてくれる人もいたし、感触もよかった。

トップが変わることで、魅力ある所沢市をもっといい街にできる、ということを証明してほしいと思って、全力で応援したんです。首都圏における所沢市というのも、とても可能性の高い街だと思いましたね。

森永　小野塚氏になってから、所沢市はかなり変わり始めていると思いますよ。前任の市長は3期12年の現職でした。でも、この猛暑の中でも根性論を持ち出す人でしたから（苦笑）。

泉　この時代に市内の小中学校にエアコンが設置されていなくて、「暑さの中、辛抱するのが教育だ」と言っていたので、びっくりしましたね。

森永　この暑さ、今は命の危険にかかわりますよ。

泉　もともと教師をされていた方で、時代の変化をおわかりになっていなかった。子ども政策もほとんど何もしていなくて……。でも、選挙戦で不利になってきたのがわかると、子どもの医療費無償化などを、慌てて打ち出してきた。

所沢市は日本で最初に保健所ができた「保健所発祥の地」なのに、保健所もなくなっていました。コロナ渦の年には、かなり批判を受けたようですね。

これに対し小野塚氏は、最初から自分がやりたいことが明確に決まっていて、中核市に移行して、保健所を作るという公約を打ち出していました。

中核市は、地方自治法で定められた仕組みですが、地方分権を推進して、地域行政の充実を図る政令指定都市に次ぐ大都市制度です。従来は都道府県が持っていた様々な権限が移され、事務ができるようになります。明石市も２０１８年に中核市に移行しました。

森永　所沢市の中核市への移行は２０３０年の予定ですね。それと同時に保健所の業務も再開されると聞きました。たしかに、中核市になると、県からいろいろな権限が委譲されますからね。

泉　順調に進んでいますね。ほかにも私は、２０２３年7月の兵庫県三田市長選挙、9月の岩手県知事選挙、東京都立川市長選挙なども、応援させていただきました。ただ、その後はお断りしている状況です。また、「新党をつくりませんか」など、いろんな声がかかりますが、いまはまず救民内閣構想に全力を傾けていきたいと思っています。

選挙は市民こそ力を発揮できる

森永　お話をうかがっていると、泉さんは選挙への思いも強いですね。

泉　私が明石市長に立候補した最初の選挙では、先に述べたように、多くの普通の市民が手弁当で応援してくれました。一方で、既存の政党からの支援は受けなかった。それ以降もまったく、政党からの支援は受けませんでした。

森永　それはすごい逆風ではないですか？

泉　実際に市長になってからも、最初の5、6年は市内だけでなく、まわりの市長からも「あんな政策は間違っている」とか、「そんなお金があるわけはない」と言われました。でも、だんだんと明石の状況が周囲に伝わってくると、続々と明石市の政策の真似が始まっていきました。ですから、ないのはお金じゃなくてやる気だけです。政治家がやる気になればなんとかなるはずです。

森永　12年の任期を終えた後も、まだまだ情熱は衰えていませんね。

泉　市長の仕事にはやりがいを感じていましたが、３期を終えて退任し、後継者を選ぶ選挙でも、この人だと思う人を応援しました。

選挙というのはありがたい制度で、お金持ちであろうがなかろうが、また、有力者であろうがなかろうが、誰もがひとりひとり、命の数に等しい１票です。

ごく普通に暮らしている市井の人々のほうが、特権的な立場にいる人より数の上では多いのです。だから、市民のほうを向いて、市民のための政治をすると決めて、きちんと語りかければ、わかって貰えます。

森永　政治への関心が薄くなっているといわれますが、そう感じることはありますか？

泉　街頭演説でも、市民のみなさんは、聞いていないようで聞いておられます。誠実に伝えれば、涙を流している人もいらしたりしますし、本気度は伝わると思います。

私は応援演説も政治家には頼みません。友人、知人という一般市民が、隣でマイクを握ること、市民自身で選挙をするほうが伝わると思っています。

森永　それは救民内閣構想でも、実行されるのですか？

泉　そうですね。機運は高まってきています。救民内閣構想はいろいろなところで話していて、新しい政治を望む機運が高まっているのを感じますよ。

自民党は裏金問題が取り沙汰されるようになってから、各選挙で痛い目を見ています。にもかかわらず、総裁選でもこれまでと代わり映えのない権力闘争をしている。国民がこれ以上の負担は勘弁してほしいと思っているのに、まったくわかっていないと思います。それは野党の党首選を見ていても同じように感じます。

そして既存政党だけでなく、繰り返しになりますが、マスコミも国民に寄り添っていません。よく言われることですが、選挙直前の市民の関心が高まっているときに、候補者の訴えや主張をマスコミで報道しないのもおかしい。昨今、この問題はあちこちで言われるようになっている気がしますが、本当に変える気があるのかと言いたいですね。

森永　訴える内容や政策によって、支持層は変わりますよね。泉さんを支持される層はどんな方々ですか?

泉　私の場合、出口調査の結果を見ると、30代の支持が高かったと聞いています。その世代の9割以上が私の名前を書いたと。お年を召した方は6割ぐらい。やはり子育て層でしょうね。

森永　意識の高いファミリー世代に、泉さんが支持されているのは、よくわかります。

泉　子どもは未来の宝ですから、国民みんなで応援しないといけません。親世代の30代は、この先の日本を支えていく世代でもありますし、いずれにしても応援したいと思います。

森永　明石の成果を国に活かすとして、少子化対策をするとしたら……。

泉　まず言いたいのはヨーロッパなみに予算を増やし、人も増やすことですね。日本だけが子どもに使う予算が半分で、本当に教育予算が少ない。職員数も少ない。もちろん専門性も高いとはいえないので、質も高めるべきです。

岸田政権では、異次元の少子化対策などといって大ぶろしきを広げたわりに、内容は薄かったと感じています。

まず、全体の予算が3・5兆円で、少子化対策とは直接の関係がないものも含まれているし、金額自体もこれでは少ないと思います。

また、児童手当の強化策として、「第3子以降に月3万円を支給」とありますが、子育て施策に力を入れてきた私からいえば、経済的な状況で出産そのものを迷ってしまう人がいる中で、第1子、第2子についても手当が必要だと感じます。

さらに問題は支援金制度です。約1兆円を調達するために、社会保険料を「月500円」上乗せとしていますが、さらに引き上げに持ち込もうとする魂胆が垣間見えます。

私は大学では教育哲学を専攻したのですが、40年前の時点で「なぜ日本だけが他の国の半分なんだ、子どもを応援しない日本に未来はない」という問題意識を強く持っていました。だから、それを行政として実現したかったんです。

森永 国民の思いを反映させるのも選挙ですよね。

泉 行政側の立場としては、選挙で関心をもってもらうポイントは2つです。市民、国民、有権者のほうを向いているか、そして本気かどうか。でも、ほとんどの政治家はフリをしているだけです。国民のことを考えているフリ。それは通じません。国民は見抜いているし、それが通じれば応援してくれるんです。

森永 泉さんはいろんなメディアに出ていらっしゃいますが、報道情報番組のコメンテーターとして、かたっぱしからメンバーに入っていけるといいですね。本来、放送法にも「多様な意見を紹介するのが放送局の義務」だと書いてあるんですよ。

今のテレビの世界は、体制派の人たちばかりで偏ってしまっていますからね。

泉　ただ、今はネット媒体があります。若い人を中心にテレビを見ない、新聞を読まない人が増えていますし。

インターネット上に広がる意見には、大手メディアのような「建前」でなく、忖度しない「本音」が多い一方で、いわゆるフェイク情報や、昨今のチャットGPTなど生成AIによるもの、一方的な誹謗中傷なども多い時代です。まだまだ過渡期といえるかもしれません。

政治主導が必要な理由

森永　政治家としてのあり方について、どんな思いをお持ちですか？

泉　今の日本に「本物の政治家がいるのか」という問題意識を強く抱いています。私が考える政治家は、責任感を持って決断し、状況に応じて進むべき方針転換を示す、そんな役割を担う人です。世の中に何も問題がなく、同じことをルーチンでこなすだけなら、官僚がいればいいわけです。「平時なら」と言ってもいいかもしれません。

しかし現実はそうでなく、問題は山積みなのに、それを見ようともしないでこれまで通りのやり方を漫然と続けているから、日本はこうなってしまったわけです。

だから今こそ、「本物の政治家」が必要な時代なのではないかと思います。いよいよ政治家が政治をする時代なのではないかと。

森永　おっしゃるとおりですね。

泉　これまでの日本は、政治家ではなくて、官僚が決めたことを、政治家にさせていた時代が続いていました。その中心が財務省で、戦後政治は財務省が決めた政策を、政治家が言いなりになって進めていた。でも、それでは行き詰まってしまっているのです。

国民から選ばれた政治家が、国民を思って方針転換をして、それを官僚に指示をして、その方針に従った仕事をさせる時代が始まると思うんです。もちろん簡単なことばかりではありません。

でも、理論をふりかざして言い訳をするのではなく、たとえ難しくても実現させるのが政治家です。それでいうと、日本には政治家はいなくて、政治屋さん、選挙屋ばかり。だから「政治にお金がかかる」と言い出すんです。

そもそも政治にお金がかかるはずがありません。政策を考えるのに手元にお金がいるわけではないですから。

今は政治にお金がかかるのではなくて、「選挙にお金をかけている」のです。しかも、お金をかけないと当選しないから、かけているのです。

本来であれば、人間関係とか、しがらみでもなく、その人物とか、語る言葉とか、政策で勝負すればいいはずなんです。まともな政治家が立候補したら、たいしてお金をかけなくても当選すると思いますけどね。

森永　まさしくそうですね。

泉　ただそれは現状ではそうなっていません。いまだに財務省を中心とした官僚が中心の政策決定になってしまっている。細川政権でも、民主党政権でも、政権交代という国民の期待を浴びながら、結局は財務省の軍門に下ってしまった。国民の期待を裏切り、財務省に従ってしまったところが、私は非常にもったいないと思っています。

だからこそ私は、森永さんの書かれた書籍に共感しますし、何の忖度もなく発言されているのが素晴らしいと思っているんです。

森永　カルトから目覚めて、官僚政治を脱却しないといけません。

泉　官僚主導がなぜいけないのか。それは官僚が、国民に選挙で選ばれた存在ではないからです。いくら優秀でも、あるいは、たとえ悪意がなくても、官僚は決めたことの責任も負わなくて済むし、前例を否定することもしません。

ですから決めたことが間違っていてもクビにならないし、しかも間違っていたことすら認めようとしない。そうすれば当然、国民負担がいくら増えても痛みを感じないし、国民に興味ないいままでいられる。それでは、世の中がよくなるはずがありません。

彼らは内向きで、自分の上司や仲間ばかりをみて、組織防衛に走り、なおかつ前例や過去を否定しない。これまで10のことをやってきたら、10のことをただやり続けるだけで、11、12と付け加え、増やしたことの財源は国民負担として押しつける。国民をATMか何かなどと思っているのでしょうか。

財務省は税金という形で国民負担をさらに課そうとする。厚労省は新たな制度として介護保険の負担とか、少子化対策の支援金とか、どんどん社会保険料を上乗せして、負担を増し続ける。

まっとうな政治家によって、国民の期待を背負った政権が実現できたら、財務省や厚労省の影響力を排除してほしい。ぜひ国民のための方針転換をして、国民に負担を課し続ける政治を止めてほしいですね。

日本も首相公選制を導入すべき

森永　政治家は、具体的に何をすればよいですか？

泉　これまでやってきた10を見直して入れ替えていく。財源が減って10が9、8になるのであれば、10のうちでも重要な5を見極めて、それは確実に取り組む。

変化のために経過措置をとったとしても、10のお金がなくて8のお金でもやれるようにする。そういう合理的な判断を必要に応じてできるのが、政治家だと思うんですよ。

森永　そのような能力を持った政治家が集まる「救民内閣」ができることを、切に願いたいですね。

泉　物事を動かすには方針・予算・人事の3つがいる。大きな改革を行うには、大臣の力では不十分です。それができるのは日本では内閣総理大臣だけです。

そしてその内閣総理大臣をどう生み出すか。私が強く訴えているのは、「首相公選制」の導入です。市長も県知事も住民の選挙で選ばれますが、総理大臣は結局、身内の国会議員や党員で選ぶ仕組みになっている。だから、必然的に関心が身内に向いてしまうんです。

しかし「首相公選制」になれば違う。きちんと国民の方を向いて、国民を救う政策を打ち出さないと落選してしまうのです。逆に、国民から大きな支持を得られれば、若くてしがらみのない政治家でも、首相になれるかもしれない。「首相公選制」に変われば、日本の政治家の意識や行動は大きく変わるようになるでしょう。

森永　「首相公選制」が導入できると面白いですね。政治主導で、早急に方針転換を望みたいです。財務省の跋扈を抑え込めるのは、やはり政治の力でしょう。とにかく財務省の力を抑え込まねばなりません。日本の経済成長が滞っているのも、彼らのせいですから。

経済成長が滞っている理由を、日本の人口減少に求める人がいます。しかし、人口の推移とは関係なく、世界のGDP（国内総生産）に占める日本のGDPシェアは、急降下しています。

1995年には世界の18％を占めていた日本のGDPは、いまや4％台。1980年以降で最も低くなりました。アメリカ、中国に続く3位だったのが、ついにドイツに抜かれ、世界4位に。また賃金も、先進主要国の中でトップに近かったのも昔の話です。

私が思うに、その理由とは急激な増税と社会保険料アップで、国民ひとりひとりの手取り収入が減ってしまったからです。

日本企業がイノベーションを怠ったとか、中国との価格競争に負けてしまったとか、企業が賃金を抑え込んだから、でもないのです。

泉さんも繰り返し言っておられるように、子どもを持つ世帯の支援をすることで、手元に使えるお金が残り、生活関連の買い物や食費など、自宅周辺で使うお金が増えるから町全体が潤って活性化します。それによって、子ども世帯だけでなく、高齢者にも十分なサポートができるようになる。

しかし反対に、税金や社会保険料の増額で、手元に残るお金が減り続けると、消費に回せるお金も減り、それに伴って企業の売り上げが減り、その結果、人件費を削減せざるを得なくなっていく。

イソップ寓話に「北風と太陽」というお話がありますが、国民負担率を減らし、ぽかぽかと温めたらのびのびと成長するものが、反対に北風のごとく冷たい風を吹き付けられていったことで、経済がどんどん冷え込んでしまったのです。

つまり、財務省の官僚が企業や国民に対する締め付け、風当たりを強くして、日本経済を破壊へと追い込んでしまったといえるでしょう。それはザイム真理教の教え通りに進んでいるわけですが……。

泉　アメリカはＩＴ産業を発展させて、今のＧＡＦＡにつながるような革新的なサービスや商品を生み出しました。それに対して日本は、日本人の勤勉性を活かし、トヨタが世界に広めた「カイゼン」で「よいものを安く」しようとして、むしろイノベーションの面で後れを取ったと言われていますが……。

森永　こうした、「もっともらしい主張」をするのが、それこそ財務省（大蔵省）のＯＢ

だったりするんです。

泉　政府が財政支出を促して、国民生活を支えることが必要で、必要な財源は国債で調達する、まさに積極財政をする政治判断が必要です。

日本は本当に借金大国なのか？

森永　日本は借金大国であると思わせ、積極財政を阻止しようとする財務省の姿勢は、国民をあざむいているとしかいえません。

泉　財務省やその言いなりであるマスコミは、「日本にはお金がない」と言うのがクセになっていますね。

森永　最近のＩＭＦ統計で明らかになりましたが、日本には社会保障費などが引き金となって１１００兆円の借金があるのですが、それを上回る資産を持っているのです。国民から増税でとったお金を隠し預金にしていて、それらのほうが多い。まさに欺瞞です。

国の借金に対して、「借りたお金は返すもの」という、一見当たり前そうに思える考えを当てはめること自体が、実は間違っているんです。これは個人、企業などの借金とは別次元の話です。

日本政府は通貨を生み出すという、政府にしかできない打ち出の小槌を持っています。通貨発行益が得られるので、お金がないなら紙幣を刷ればいいのです。その紙幣が市場で流通されるだけの信用力を持っているのであれば、何の問題もありません。

財務省は日本政府の借金の規模を大きく見せて、不安をあおり、緊縮財政へと走らせ、そして、1円でも増収したら、1円でも歳出カットをするぞと引き締めを強くするんです。

実は、債務の問題だけでなく、日本はすでに財政収支も事実上の黒字になっています。安倍政権末期の2020年度、国の一般会計の基礎的財政収支赤字は80兆円でした。ところが、経済財政諮問会議の資料によると、2025年度の一般会計の基礎的財政収支赤字見通しは、たった4兆円です。政府は5年間で76兆円も財政収支を絞ったことになります。建国以来の極端な財政引き締めです。

しかも、2025年度の税収見通しは、過少推計されているので、すでに日本の財政は黒字化されているのです。借金もなければ、赤字もない。それが日本財政の本当の姿なのですが、財務省は２０２０年度に80兆円の赤字を出したことさえ隠ぺいしていて、財務省のホームページには一切数字が出ていません。

我々が確認できるのは、公開されている経済財政諮問会議で配布された資料だけなのですが、そこまでしつこくデータをみる国民はほとんどいないですから。

泉　ことあるごとに国民に借金や赤字の存在を思い知らせ、国会議員や大臣には足繁く通いつめて、レクチャーするんですよね。

森永　アベノミクスで国の借金が増えた、と思っている人もいますが、２０１１年からの金融緩和で、日銀が国債の保有率を増やすのに伴って、通貨発行益が発生しています。それを返済に充てられるので、実は純債務は減っているのです。

泉　円安、株高の流れになってきて、新たなビジネスの創出や雇用の増加を呼び込んだと考えてもよいわけですね。

森永　政府は投資の流れを呼び込むために、「金融リテラシー」を高めようと、金融教育をさらに進めようとしています。リスクがある、自己責任だといいながら、背中を押して突き落とす……。

泉　森永さんはバブル崩壊が近いと言っていますね。

森永　何度でも言いますが、新ＮＩＳＡには近づいてはいけません。最悪の場合、数年後には投資金額が10分の１以下に暴落する可能性が高いと私はみています。

アメリカと対等につきあうことはできるのか

泉　もう１つ気になるのは対米関係です。日本の総理は嬉々としてアメリカに出かけ、調子のいいことを言って、武器でもなんでも受け入れてしまう。アメリカへの追従姿勢があまりにすぎる気がします。

森永　岸田前総理は４月に訪米した際に、「日本もグローバルパートナーとしての大きな責任を担っていく」とか、〝ご主人様〟を喜ばせるようなことを言っていましたね。

泉　せっかく被爆地の広島でサミットも開催したのに、核兵器禁止条約の議論もされなかった。

森永　新総理が、新大統領とどんな付き合い方をするのかは見ものですが、実際のところ大きな変化は起こりえるのかどうか。長く続いた「アメリカからの呪縛」から、脱することができるのかどうか……。

私が『書いてはいけない』で書いたように、日本航空１２３便の墜落事故の問題を、いまだに日本政府は引きずっているように思えます。１９８５年のプラザ合意によって、日本は急激な円高に追い込まれた。また、その翌年の１９８６年には、日米半導体協定が締結された。

当時、日本の半導体産業には勢いがありました。日米の貿易摩擦を解消する目的で結ばれたこの協定によって、日本の半導体の海外メーカーへの市場開放、日本の半導体メーカーによるダンピングの防止の2つが決められました。それ以降、日本の半導体産業は勢いを失い、急速にシェアを失っていくわけです。

たしかに日本は、アメリカにとって目の上のたん瘤的な存在だったかもしれない。日本航空１２３便の自衛隊機による撃墜事件を奇貨として、日本を切り捨てに入ったこともわからないではない。でも、そこから数えても40年の月日が流れています。

日本はアメリカに対して、いつまで追従し続けなければならないのか。これについて私は本当に疑問です。

緊縮財政から解放される方法

泉 国民負担を強いる財務省が、頑なに信じ込む「財政均衡主義」で、一体何を守っているのか、本当に不思議に思いますね。

森永 たしかに、国債発行に対してトラウマがあるのかもしれません。戦後の高度成長期において、１９６４年までは国債の発行はありませんでした。ところが翌年から少しずつ国債発行がなされるようになりました。

ところが１９７３年に石油ショックが起こり、その対策として巨額の国債を発行するようになっていきます。それから国債の発行額は毎年増えていき、石油ショックの10年後、１９８０年代の初めから大部分の10年国債の償還、つまり返済が始まりました。そして、そのために償還の財源を準備しなければいけないと思い込み、それを「財政再建元年」と呼んで至上命題のようにしてきたんです。

本来、国債の発行が続いても、それを日銀に買い取ってもらえばなんの問題もなく、償還期限を迎えたら借り換えをして先送りしてもいいし、あるいは日本銀行に国債を買わせてもいいのです。

日本銀行は単純に紙幣を印刷しているわけではなく、何かを買った代金として日本銀行券、つまりお金である紙幣を支払うことになるのです。だから、資産として保有するなかで、最も安全な商品である国債を買うことは、むしろ必要なことなのです。

また、日銀が国債を買って、満期のたびに借り換えて保有し続ければ、実質的に返済義務がなくなり、むしろ利益を得たのと同じことになります。

しかし、財務官僚のほとんどは東京大学の法学部の出身で、意外なようですが経済学の専門知識はないのです。財政均衡を保つこと、つまり税収の範囲内に歳出を収めることが正しいと思い込んでしまっている。それが前例主義にのって、延々と引き継がれていってしまうのです。

財務官僚は、絶対に認めないでしょうが、彼らは増税・増負担こそ救国の施策だと信じ込んでいます。「このままだと借金で日本は破綻してしまう」「社会補償費のための国民負担は仕方のないこと」「公平に負担を分かち合うなら、消費税の税率を引き上げるしかない」と言って、じりじりとにじりよってくる。言葉は悪いですが、まさに信者を増やそうとするカルト教団の洗脳担当者のようです。

泉　しかし、やたらと消費税率引き上げばかりにこだわりますね。

森永　超高齢社会で、社会保障費の負担増はたしかですから、消費税率引き上げの理由付けがしやすいのかもしれません。しかし、私に言わせれば、財源を増やす方法はほかにもあるのに、と思います。国民の負担を増やさずに、税収を増やす方法は意外とたくさんあるんです。

たとえば、あまり知られていませんが、国外転出時課税制度というのがあります。海外に移住する人が所有している有価証券などは出国するときに課税されますが、そこに暗号資産は含まれていません。

暗号資産は、以前は仮想通貨と呼ばれ、ビットコインなどが有名ですが、いろいろな種類があります。まだ歴史も浅く、法整備も整っていない一方で、「億り人（おくりびと）」と呼ばれるような投資家も生み出しています。

彼らが日本でそれを現金化すれば１０００億円あっても、半分は課税対象になりますが、シンガポールやドバイなど、海外に移住してから廃却をすれば、そこにはまったく課税されません。そこに課税をかけるという方法があるはずです。それだけで１兆円を超える財源が見込まれるといえます。

また、歳出削減を増やすという方法もあります。要するにコストカットです。

国家公務員の給与の基準は、民間と足並みを揃えるという意味で「民間準拠」が建前となっています。しかし実際には、人事院が民間給与として調査している対象は、正社員だけなんです。

民間企業では、非正規社員の割合がどんどん高まっているのですから、国家公務員の給与は、非正規の社員を含む全体の平均に合わせるべき、というのが私の考えです。

そうすると何がよいのかというと、国が負担する公務部門の人件費を抑えることができ、２兆９０００億円の財源を捻出できると考えています。

このように、財源の候補はもっとほかにもあるはずなのです。

泉　それでいうと、私も都道府県と市町村の構造を変えることで人件費コストが浮くと考えています。国民に負担を課し続ける前に新たな財源を探す努力をしてほしいですね。

森永　そのほか、岸田前総理は日本の自主防衛能力強化に役立たない形で防衛費を爆発的に拡大させるうえに、社会保障給付をカットして、ほとんど効果のない少子化対策につぎ込もうとしています。そういうところを少しだけ、まともな政策に改善するだけで、財政収支は改善するのです。

泉　ネットなどでは能登地震の復興も進まないのに、防衛費だけが拡大していくことを懸念する人も多かったですね。

森永　もうため息しか出ませんね。ザイム真理教の息のかかった政策の暴走にストップをかけてくれる国民の味方の登場が待ち遠しいですが、一方で私は、こんな息苦しい都市生活を捨てて、自立して生きる方法も提唱したいと思っています。

私はマイクロ農業として、食べるものを自分でつくり、太陽光発電でエネルギーを生み出す一人社会実験を続けてきました。

自給自足の生活は、自由と本来の豊かさを感じさせてくれますよ。自分が食べる分の野菜や果物を育てて、個人間の売買をするなら消費税は発生しません。

そこで所得を得たとしても、課税最低限を下回っていれば、税金や社会保障費もかからないのです。何より国に搾取されているという思いから解放されます。

泉　子どもの頃を思い出します。

森永　それと私は、「みんなで一億総農民・一億総戦闘員・一億総アーティストになるべきだ」と言っています。

とくに大切なのは「自産自消」「地産地消」、「国産国消」だと思います。食料もエネルギーもまず自分自身で作る。足りない分を地域内で賄う。それでも足りない分を国全体で融通する。世界から買ってくるのは、どうしても日本では作れないものに限定する。グローバル経済の真逆をやるのです。

そうした社会構造改革を進めるなかで、自分の身は自分で守る、そして創作活動にいそしみ、心豊かに暮らす。とても人間的な営みだと思います。

たとえ、今すぐそうした生活に移行できなくても、きっとそこにはヒントがあるはずです。

第8章

次世代へのバトンタッチに際して

自分で調べ、考えて表現できる力を

森永　最後にお伺いしたいのは、次の世代に向けて、泉さんがどんな思いをお持ちでいらっしゃるかということです。これからの日本を支えていく若い人たちに、どんな国づくりを引き継ぎ、どんな理念を伝えていきたいですか？

泉　森永さんはご自身のがんがわかった後に、「ゼミの新入生のために半年だけでもいいから生き残りたい」とご自身が教えている学生のことを気にかけていらっしゃいましたね。自分の命のリアリティの中でやるべきことをやろうとしている強い思いを感じました。それを発信していらっしゃる姿勢もすごいなと思います。

森永　ありがとうございます。実は20年前に大学で教える話があったとき、当時はほかの仕事のほうが、何倍も、下手したら10倍ぐらい稼げたので、引き受けるかどうかについては非常に迷いました。

でも、私がそれまで手掛けてきたのは、形もなく、後に残らない〝泡〟みたいな仕事も多かったので、「少しくらいは次世代に貢献しないといけない」という思いが心の片隅にありました。それで教員の仕事を引き受けたんです。実は同じ大学で父も専任講師を務めていたという縁もあったんですけどね。

泉　私は2023年4月に明石市長の職を終えて、「これから何がしたいですか」と問われて、「3つのことがしたい」と言ってきました。それは何かというと、「横展開」と「縦展開」と「未来展開」だと。

横展開というのは、明石でやってきたことは、ほかの自治体でもできることですから、明石どまりにしないで横に広げていきたいということです。

実現できた政策には空間的普遍性があると思っていますから、明石以外でも取り入れてほしい。実際、兵庫県内だけでなく、全国にも広がっています。

また、明石では「無所属で、有志の集まりである市民派」の候補として選挙に勝てたわけだから、これも他の自治体でも応用できる。私はいつも早口で、ついつい熱弁を振るってしまいますが、「こんな熱血キャラでなくても、思いがあれば選挙に勝てるんだ」ということを証明したかったのです。

2つ目は、「明石でできたことは、少し発想を転換すれば、国だってできるはずだ」というのが縦展開です。さきほど救民内閣構想でお話ししたように、まだまだ私もがんばって、形にして伝えていきたい。いままさにやろうとしていることです。

そして3つ目が、まさに次の世代への継承、未来展開です。子どもたち、孫たちにこれからの社会を担ってもらうために、子どもたちには大いに期待しています。

「子どもへのメッセージを伝えるために、子ども政治塾を開きたい」という思いはずっと抱いていまして、まずは『10代からの政治塾』の本を出版しています。

政治家というと、お金がかかるとか、昨今は裏金の問題とか、そんなイメージをもたれがちですが、「政治はもっと美しいもの」だと子どもたちにわかってもらいたい。そのために、政治は何のためにあるか、どんな仕組みなのか、どんな能力が必要かなど、10代の子どもたちに向けたメッセージをまとめました。

そのほかに中高生向けに講演活動も始めていて、学校を回ることもありますね。たとえ自分がいなくなっても、将来につながる何かを伝えたい、政治家としての責任を果たしたいという気持ちはやはり強いですね。

森永　子どもや若い世代への気持ちは同じです。ただ、私は病気のことがありますから、先ほど言っていただいたゼミの学生たちのことが気がかりでした。

とくに今の2年生は、２０２３年の秋に選抜を終えて、うちのゼミ生として採用したのですが、２０２４年4月から正式なゼミ生になる予定なので、23年末に余命4か月と言われたときには、まだ授業でまったく教えていなかったのです。

それで、このままでは責任放棄だと思ったんですね。だから治療にいくらかかっても構わないから、絶対に生き延びて、とにかく学生たちに最初の半年間は集中的にトレーニングしようと。そのために絶対に生き残ろうと思ったんです。

自画自賛になるかもしれませんが、これは実にうまくいって、3年生と4年生の２人のゼミ長と執行部がいろんな役割で動いてくれて、その他のゼミ員も「ブラザーシスター制度」と呼んでいるんですが、マンツーマンで徹底的に2年生を鍛えてくれたんです。

泉　森永さんの気持ちが伝わったのでは。

森永　そうですね。大学では労働経済学、マクロ経済学を専門分野として、マクロ経済政策と雇用政策、ライフスタイルに関連する研究をしていました。

ゼミでは経済理論を教えるのではなくて、暮らしとか、ライフスタイルに結びつけて具体的な政策論をやっています。そして、社会に出てから活躍できる人材を育成するため、自分で調べ、考えて、表現できるようになることを重視して、徹底してプレゼンテーション能力を高めることに力を入れてきたんです。

そこでは三題噺とか川柳なども含めて、いろんな手法で表現のトレーニングをさせていて、今年やった最終講義の1回前は、授業の開始と同時に、「今から30分間の時間を与える。任意の2人をこれから選ぶから、30分でネタ合わせをして漫才をしろ」と無茶振りをしたんですよ。

その結果、面白くない学生もいっぱいいたんですけど、でも形式上、みんなきちんと漫才ができていて。それはすごくよかったと思いました。

問題は2024年秋に次の2年生（現在の1年生）の選抜をしなければいけないことでした。そこで私はものすごく悩みまして、正直なところ命の保証がありませんから、次の2年生を採用すると、彼らが卒業するまでの途中で仕事を放棄する可能性もあると思い、大学側と相談したら私の意向をくんでくれて、新たなゼミ生の採用はしないことになりました。

でも、今の2年生が卒業するまで、まだ2年半あるんです。ですから、なんとかしてこれからの2年を生き残りたい。そうすると必要な医療費は3000万円くらいの計算です。そうしたらなんと、9月に『投資依存症』という本を出した私が、バブルと円安のおかげでぼろもうけできてしまったんです。生前整理の一環で、投資資産をすべて処分したのですが、たまたまその日が最高値の日だったものですから。

バブル様々で、教育資金を投機家が作ってくれたような結果になり、これまで私が一番批判してきた金の亡者たちが私に教育の機会を与えてくれたんで、まあ感謝はしてないですが、運は良かったなとは思っているんですね。

なぜ権力に執着してしまうのか

森永　世代交代は世の習いで、次の世代のために引き継ぐという点でわれわれは一致するところですが、政治の世界には権力の頂点に居座ったまま、いつまでも恣意的に世の中を動かそうとする権力者たちがいます。

例えば岸田前総理も、不出馬の宣言をした記者会見では自民党が変わるために自分は身を引くのだ、なんて言いましたが、結局のところ総裁選で勝つ見込みがなくなったからだろうと、評論家たちからは言われていました。

世界に目を向けると、アメリカの大統領選はまさにこれからですが、プーチンだって、習近平だって、一旦権力を握ると、法律を変えてでもその場から降りようとしない。権力のうまみを味わったら、やはり手放すことは難しいのでしょうか。

昔、東国原英夫さんとテレビのロケで一緒に移動したことがあるんです。そのとき、「なんでみんな知事とかになりたがるんでしょう」と聞いたことがあります。

「知事とか市長になると、部下に向かって『お前ら、こう行け』と命令すると全員が一斉に動く。権力の蜜の味というものを味わうと、なかなか抜けられなくなるのですよ」と言っていましたね。

「ただ、僕はそこまでの欲求はなかったんで、県知事を辞めたんですけれど」と言われたとき、ちょうどロケバスが東京都庁のそばを通りかかって、東国原さんは「ああ、ここに来たかったんだけどね」とつぶやいておられましたね。

最近ではパワハラ報道で話題になった兵庫県知事の件も記憶に新しいところですが、それでいうと、泉さんの去り際は実に潔かったですね。

泉　市民目線の改革をするために市長になったのであって、私は市長でいることが目的ではありませんから。

森永　とてもまっとうな判断だと思います。常に次へのバトンタッチを意識しながら改革をする。そして、正しく改革をなすためには、ある程度の時間がかかることも見込んでいらっしゃる。まあ、私の場合は残念ながら、そこまで延命はできないですから、短距離走者としてゲリラ戦に挑みますが。

ぜひ泉さんには中長期の視点を持って、日本の政治を根底から改革するという仕事をしていただきたいと思います。既存の政党に任せておいたら、どこを選んでも変わらないというのが、見えてきてしまっていますから。

泉　森永さんは書籍で声を上げ続けていますね。『ザイム真理教』は相当売れ続けていて、この本も含めてですが、出版ラッシュだとか？

森永　ありがたいことに、この出版不況の時代に『ザイム真理教』は19万部です（※24年8月時点）。今年の初めに『ザイム真理教の大罪』という漫画版も出まして、現在も10冊以上の書籍を同時執筆中です。

今朝はもう午前3時から仕事して、夜の12時まで仕事するので、1日平均18時間くらい働いている。先日は「完徹」までしてしまって、「がんの終末期の患者が完徹してどうするんだ」、なんて言われたんですけれど……。ただ、次から次に伝えないといけないことが浮かんできてしまう。

泉　それは使命感によるものですかね。やはり社会的責任とか、使命感とか、自分なりにどうしても伝えたいことがあるという感じでしょうか？

新NISAは「買ってはいけない？」

森永　『書いてはいけない』でジャニーズ、ザイム真理教と、日航機123便を書いたら、もうネタはないだろうと思っていたんですけど、意外にもアイデアがどんどん浮かんできてしまうようになりまして。

9月に出版した『投資依存症』もそうでした。私はずっと新NISAには反対で、投資はギャンブルと一緒だと言ってきました。老後をギャンブルに委ねるのは絶対ダメですよと言っています。

新NISAはものすごい勢いで国民に浸透してきています。岸田前総理は、当初「新しい資本主義」と言っていましたが、結局、投資をさせたかっただけなのかと、残念ですね。

なお、去年から今年にかけて大流行したSNS型投資詐欺で、日本で一番名前を使われた人が私なんです。

泉　そうですよね。

森永　自慢ではないですが、ホリエモンにもダブルスコアで勝っています（苦笑）。そして、おそらく私は誰よりも被害者とコミュニケーションをとっています。もうバンバン連絡が来るんですよ、1日5人くらい。それに全部対応してきましたから、誰よりも現場に詳しい自負があります。

その結果、この新NISAはSNS型投資詐欺と全く同じ構造になっているというのがわかってきました。

最初は上げ相場で株価がどんどん上がっていくから、おそるおそる足を踏み入れた人がちょっと儲かると浮き足だってしまう。政府も、そしてメディアや経済評論家も、「投資だ、投資だ」とはやし立て、どんどん貯蓄から投資に移してくるわけです。

2024年8月5日に大暴落があって、一部で「令和のブラックマンデー」なんていわれましたが、それもあっというまに回復してしまった。しかし、過去の大きなバブル崩壊でも、一度は戻るんです。私は本格的な株価下落はこれからだと考えています。

バブルが崩壊すると何が起こるかというと、例えば1929年のアメリカでも、1989年の日本でもそうなんですけど、8割以上が下がってます。しかも今回は円高がダブルパンチでやってくる。私の計算だと93%の資産が失われます。

つまり老後資金を2000万円用意しても、投資をしたら140万円しか残らない。もうこれは老後破滅なんですね。その投資詐欺にあった人たちから、「私の老後はどうしたらいいんでしょうね、家まで失って、貯蓄も全部なくなっちゃいました」と言ってきます。

でも、はやし立てて渦中に引きずり込んだ人たちは、「投資は自己責任だと言いましたよね」と突っぱねて、責任なんか取ってくれません。

いま業界で「今すぐ投資から手を引け」と言っているのは、私の知る範囲では経済評論家の荻原博子さんと、慶應義塾大学教授の小幡績さんくらい。他の評論家はみんな金融業界に付いているんですよ。でも私は「バブルはいつかはじける、それは近いかもしれない」と言い続けています。

泉　『投資依存症』の表紙には「こうしてあなたはババを引く」とあります。こわいですね。

森永　しかし、こんな本を出すと何が起こるかというと、金融関係の仕事を全部失うんですよ。だけど、「どうせ死ぬんだからいいや」とフルスイングでやっています。

やりたいことをとことんやり尽くす

森永　実はいま、童話も書いていて、『がん闘病日記』の中で、本の中に絵本を入れたんですけど、単独の絵本を出したくて……。一応、それも出版に向けて進んではいるのですが、最後の目標は、「打倒イソップ」なんです。とりあえずイソップが書いたと言われる579編を数で抜くことなんですよ（笑）。

泉　あの本に何話か載っていましたね。

森永　あと、歌手としてもＣＤデビューを目指しています。この間『モリタクマーチ』というデビュー曲も作りました。レコード会社の人は厳しくて、出せるレベルにはなっていないというので、本当に歌がうまい本物の歌手をリードボーカルに呼ぼうと思っていて、どさくさまぎれにＣＤも出してしまおうと。あとは、歌人になりたいとか、俳人になりたいとか、やりたいことをどんどんやっています。

泉　これまでも充実した人生だけど、さらに濃密な時間を送っていらっしゃいますね。

森永　そうそう。

泉　ものすごい高密度の人生ですね。すごい密度の時間を過ごしているので、驚きです。

森永　この間、主治医が言っていました。「がんの余命宣告をされると、ほとんどの人が仕事を辞めて、今まで行けなかった温泉旅行や超高級レストランとか、海外旅行に行きたがると。でもあなたはなんでそういう発想がないんですか」と。私に言わせれば、そういう発想がないんじゃなくて、そんな時間はないんです、ということです。

泉　時間というのはすごく難しいテーマです。人によって時間の感覚も違うし、やれることも違う中で、それは長さの問題じゃなくて、目の前の時間をどう過ごすか。生を意識すると、かなりのことができるかもしれませんね。しかし、病気でなくても、そんなこと、なかなかできませんから。やっぱり意識の持ち方なんでしょうね。

森永　旅行と言えば、2024年8月、航空会社のマイルが余っていたので、沖縄に行って、タッチアンドゴーで帰ってきたんです。でも、そこで不思議な体験をしたんです。飛行機に2時間ぐらい乗って、帰りの便の中でもなんだかゾーンに入ってきちゃって、ものすごいスピードで原稿がかけた。沖縄から羽田に戻る時刻には1冊完成する勢いです。

泉　それはすごいですね。

森永　自分でもびっくりしました。

泉　これは空から何か来ているのではないですか、ここまで来ると（笑）。

森永　科学的根拠はまったくないんですけど、本を書いてる人で行き詰まってしまったら、地上８０００ｍで書くといいかもしれない（笑）。そのかわり、家に帰ってきてボロボロで、すぐ倒れて寝ましたけど。

泉　無理はなさらないでください。

森永　今回は泉さんの話が聞けたので、とてもよかった。岸博幸さんとか、深田萌絵さんとも対談本を作れましたし、そのほかに息子の康平とも対談企画がありまして、そこで唯一スケジュールを出してこないのが息子なんですよ。

泉　親子の？

森永　親子の対談で、あまりにもスケジュールを出してこないから、ラジオの生放送中、康平に向けて「さっさとスケジュール出せよ」と言ったら、「親父、公共の電波を家族の連絡に使うな」とか言われて。

泉　それはそれで面白いですね。

森永　それが最後のボトルネックになっているという感じで。

泉　人生をちゃんと生きてこられて、自分自身の納得感も強くて、後悔はないというようなことも本に書いておられましたね。しかも今も現在進行形で、本当にある意味、できることをきっちりしておられる。人生後半の生き方の1つのモデルというように思えます。

生前整理で一番つらく感じること

森永　「生前整理」の本も書いて、大学の研究室を片付けたり、持っていた株を売ったのもその一環だったんですが、今ちょっとつらいステージに入っています。じつは、妻のことなのです。

病気になって以来、私はほとんど家にいるようになったわけですね。これまで40年間、私は仕事のために都心にある事務所に泊まり込むことも多くて、日頃は家にほあまり帰ってなかったんですよ。だから、2度目の新婚生活みたいになって、最初の数か月はすごく楽しく過ごしていたんです。

だけど、友人で漫画家の倉田真由美さんを見ていて、彼女はうちの妻とすごくよく似てるんです。情が深いところとか。しかし彼女が旦那さんの叶井俊太郎さんをすい臓がんで亡くしてから、かなり引きずってしまっていて。家の中で彼が座っていた座椅子は処分できないとか、喪失感にさいなまれている。

それを見ていて、伴侶に先立たれて残された人はこんなにつらい人生を送らなきゃいけないのか、と目の当たりにして……。

いま私があえてしているのは、妻と距離を置くことなんです。「こんな奴は死んでせいせいしたと妻に思わせよう」と。これも最終ステージならではのことだと思うんですけれど、結構つらいんですね。

あえてひとりぼっちにさせて、何でもかんでも全部妻にやらせようと。今までは私は妻に対してかなり過保護にしてしまったところがありました。生活に関する資金繰りから、いろんな手続きから、全部私がやっていたので、妻はよくわかってないんですよ。だから妻を独り立ちさせて、私がいなくなっても力強く生きていけるようにしたい。だから学生に対する思いと、妻に対する思いは一緒なんです。「早く一人前にしたい」。それが私なりの引き継ぎなんですよね。

でも、妻に冷たくするのは本当につらいんですよ。40年間、一緒にいたわけですし、「死ぬときはいい人だと思われて死にたい」という欲が、どうしても出てきてしまう。本を書いたりする仕事は、どんなに忙しくても全然辛くないんですけど、ここは今、心を鬼にしてやっています。

泉 著書にも、「仕事のために家にあまり帰らず、母子家庭のような生活だ」と書いていらっしゃいましたね。でも、人生の振り返りの時期かもしれませんね。

森永 うちの妻も、息子の康平も、「親父は株主優待券とかクーポン券とかポイントがない店には絶対行かないどケチだと。それは人間としていかがなのか」と言うんです。でも、実際に、結婚した当初はものすごい貧乏で、資金繰りに行き詰まってたんです。康平が生まれた時も住宅ローンを引いたら手取り6万円しか残らなかった。

でも、息子も妻もお金がなかったという記憶はないと言うんです。まわりの人はみんなお金がないってブーブー言っている、なぜだろうなんて言うんですよ。

そこで私が言うのは、「そんなのは俺が全部資金繰りをつけてきているんだ」と。「お金なんて、いい気になって使ったら、あっという間になくなるんだから、常にコントロールしてないとやばいことになるんだ」と言うんです。

当たり前のことですよ。コントロールができなくて、借金を山のように考えて自己破産する人なんて、掃いて捨てるほどいるんですから。

泉 それも含めてリアリティがあるから、経済問題を語る目線が庶民に近い、庶民そのものなんですね。

明石市長として最後に語ったことは

泉 後の人への引き継ぎという意味では、私も、もちろん思いをもって市長になったんですが、同時にずっと頭の中にあったのは、自分がいなくても大丈夫な明石を残すのが市長の仕事だという思いです。だから、それができたら去ろうと思っていたんですよ。自分がいなければ成り立たないような明石ではまだ中途半端。人は永遠の命は持っていませんから、永遠に市長ができない以上、人に任せて引きたかった。

だから市長として最後の職員訓示でこう言ったんです。

これまで12年間、「前例主義からの脱却を探り続けてきた」と。職員のみんな、最後に私の言うことを聞いてほしい。それは何かといえば、それはこの訓示をもって私のことをすべて忘れ去ってほしいと。私は前例にはなりたくない。自分の目で見て、耳で聞いて、頭で考えて、明石の街と市民のためにやってほしいと。

私はもう終わった人間だから、二度と市役所に来ることもないし、指示をすることもない、私は十分やり切ったんで、気持ちよく去ります、と言ったんですよ。

森永 素晴らしい。その言葉を、今権力の座にしがみついている国会の長老議員たちにぜひ聞かせたい。

泉 永遠の権力なんてありえないんですから。いくら絶対権力者と言われても必ず死ぬのだし、権力もどこかで終わるんですよ。自分のことばかりを考えるから権力にしがみつくんであって、周りのこととか、社会のみんなのことを考えたら、そこにしがみつくのではなくて、その時にやるべきことの役割なり、使命を果たすべきだと思うんです。それが意識にあるかどうかは大きいと思います。

では自分の役割はなにかと言うと、次世代に引き継ぐのが役割です。そうやって引き継いでいくことで、社会は続いていくし、自分ひとりで完結するものではないのですから。

森永 そこが、なかなか分からないというか、みんな自分は妖怪になって、永遠の命がほしいと思うんでしょうか。

泉 政治家も官僚もそうなんですよね。使命感、責任感というものが感じられなくて、自分の特権が永遠に続くと思い込んでいるように見えます。普通に考えて、そんなのは続くわけないわけですが、わかっていても見ないようにしているのか……。

ずっと見てきた父の後ろ姿

泉　私は親父の影響を一番受けていると思っているんです。繰り返しになりますが、家は漁師で、親父は13人きょうだいの4男でした。満州事変から太平洋戦争までの時期に兄3人が戦争で死んでしまったので、小学校を卒業すると一家のために漁師をせざるを得なかったんです。

勉強が好きだったのに「目が悪くなるから、漁師が本を読んだらあかん」と読ませてもらえなかったそうです。ですから小卒の漁師なんです。

親に何かをしてもらったときに「親父ありがとう」と言うと、「親になど、感謝するもんやない。感謝の気持ちがあったら心の奥に取っとけ。子供ができたら、それを返してやれ。そうやって代々続けるもんや。ありがとうの気持ちは子供に返すもんだ」とずっと言われてきたんです。

苦労を重ねた親父でしたし、親父からしてもらったことはすごく自分に残っています。だからそれを自分の子供とか、次の世代に引き継いだり、返し続けることが大切だと、心の底から思っています。

それによって世の中が続いていく、時間の流れを自らの手で止めないことが重要かなと思いますね。

自分はそうありたいし、たとえば自分に備わっている能力も、それは神様から与えられたもので、プラスもマイナスもあるわけですけど、そこで自己完結するんではなくて、可能性があればそれをもっと開かれたものにして、できることをやっていくことが必要だと思いますね。

森永　親の影響というのはすごく大きいですね。先に述べましたが、私の父は毎日新聞の記者をしてたんです。私もその背中を見て育ちました。

ジャーナリズムとは何なのかを知ったのは、父がスイスのジュネーブの支局長だったときです。新聞の日曜版に遺跡の前で子供たちが遊んでいる情景をカラー写真で載せる連載があったんです。それで家族で車で4時間くらいかかるベルンまで行って、父は三脚を構えて、我々家族は観光に行っていた。

その夕方に「いい写真撮れた?」と聞いたら、「今日はシャッターチャンスがなかった」というんです。それで「一回もシャッター押さなかったの」と聞くと「押してない」と。じゃあ、僕がそこらの子どもに声をかけて集めたら写真が撮れるんじゃないのと言ったら、「ジャーナリストがやらせをしては絶対にいけない!」と言うんです。それで翌週はまた4時間かけて出かけて行く。そこにプロ意識を強く感じました。

うちの親父は戦争中に「蛟龍」という人間魚雷に乗る特攻隊員だったんですよ。その影響を私はすごく強く受けていて、私がなぜがんがわかってもゲリラ戦略みたいなことをしているかというと、私がやろうとしてることは一人特攻なんだと思っているんです。

泉 父親の影響は大きいですよね。森永さんは胸を張って仕事をしていたお父様の背中を見て、生き方とか、仕事のスタンスを学んでいらっしゃった。

だから、やらせじゃなくて真実を追いかけて、孤立無援と言いませんが、少数派の状況でしんどくても、自分の主張を貫いていらっしゃる。やはり関係があるのでしょうね。

森永　長男の康平は、一応批判するんですけど、ある意味で泉さんと同じくらいのスタンスなんです。干されちゃうところまではやらない。そのことは、私はすごくよくわかっています。彼も子どもを３人つくっちゃったから、今干されると、生活に苦労して家族を路頭に迷わせてしまう……。

泉　そこは難しいですね。美しく散ってしまってもいいものではなくて、若干みっともなくても、ちゃんと役割を果たす必要もある。私もやるべきことがある以上、やり遂げたいという気持ちがありますから、まだ玉砕するには早いかなと思いますし、もうちょっとがんばらなきゃいかんなと。

森永　ぜひ泉さんには10年スパンでがんばっていただいて。本当にこのままいくと、日本は沈んでいってしまいます。

困った時に手を差し伸べる行政に

泉　森永さんとは通じる部分がありますし、対談の機会があって本当にありがたいと思っています。しかし、政治家や官僚やマスコミは、こんなに国民が苦労している状況なのに、危機感がとても薄く、心が痛まないのかと私は思います。

私が12年間の明石市長時代に一番つらかったのは、子どもたちの「お腹の減り具合」が見えることでした。

任期中には新型コロナ禍もありました。そこでは、高校へ進学したくてもできないとか、大学の学費が払えないとか、たくさんの悲鳴を聞いたのです。政治家やマスコミにそれがなぜ聞こえないんだろうと、不思議でしたね。

国民の窮状を報道するのがマスコミで、それを解決するのが政治だろうと私は思うのに。現実社会を見ていないのかと、憤りを感じます。今だって大変ですよ。国民は日々頑張って働いている。日本人はけっしてさぼっていませんよ。それなのに、なぜ手元のお金が減っていくのかと……。

森永 コロナのときは、教えている学生の中に、親御さんが自営業者で収入が激減したという子がいたんです。すごく優秀な学生だったのに、学費が払えないから中退したいと言ってきました。

その頃の私は、そこそこ稼いでいたので、心の中で代わりに払ってしまおうか、なんてチラッと思ったんですけれども、大学当局に少し話をしてみると、それは絶対にダメだといわれました。

特定の学生だけ特別扱いをしてはいけない、経済面で苦しい学生は他にもいるのだからと言われて、それはもっともなんですが、でもすごくつらい気持ちになりました。

その学生は中退して高卒の資格で就職したんですけど、もとが優秀だから、今はものすごく活躍しています。でも、その時点で4年生になっていて、そこまで積み上げた学業の成績があるから、きちんと大卒の資格をあげたかったなと、いまだに後悔しています。

泉　お気持ちは、とてもよくわかります。本当は、行政が支援してあげるべきことですよ。明石市にも同様のケースがありました。コロナ禍の時に大学の学費が払えなくて中退しかけた子どもがたくさん出たので、私は、明石市長としてすぐ会見を開きました。

本人も親もお金がなかったら、明石市が出す。明石市から大学の口座に振り込むことを決めて、最初会見した時には前期学費、上限50万円で出すと言ったら、すぐクレームが来ました。50万円では足りませんと。関西の有名私立大学の学費を払うとなると60万円ですと言われたので、すぐに会見を開き直して60万円に上げたんです。

しばらくしたら今度は、理系は前期だけで90万円ですと。その次はなぜ大学生だけなのか、専門学校生は救われないのかと。そこで私は改めて会見を開き直して、全部救うと。大学生も院生も専門学校生も上限１００万円で、全部明石市が貸し出すからと言って、１６０人の大学生・院生・専門学校生に明石市が直接口座に振り込んだんです。

ただしこれは給付ではなく、無利子の貸与としてだから、将来いつか返してくださいと。出世払いでいいからと。将来にわたって、明石の街のことを大事にしてほしい、それが利子だと言って会見をしました。これが政治ですよ。

森永　素晴らしい施策ですね。行政だからこそできたことですね。個人がやるのは不公平になってしまうし、個人で全員の分なんて絶対無理だから。

泉　公のためになることをやるのが、行政の役割ですし、そのために自治体の予算があるのだと思います。

もちろん本当は国家がやるべきでした。コロナ禍は非常事態だったのですから、国家がその時だけやるとか、あるいは大学と相談して猶予したらいいんですよ。前期の学費は猶予にしてあげて、将来きちんと返してもらう。返せなかったら免除するスキームを入れたらいい話です。それをするのが政治であり、国家の役割だと思いますね。

選挙は可能性の宝庫

森永　このような公の精神、使命感、人としての道を持たない政治家が、裏金をつくっているんですよね。

泉　苦労した経験とか、困った経験がないのであれば、想像力を働かさないといけない。困っても「自己責任だ」と突き放すような政治になってはいけません。先ほどの万博の話もそうですし、新ＮＩＳＡもそうですが、「うまい話ばかりぶち上げ、政治家が投資をあおってどないすんねん！」と思いますよ。

国民がリスクのある投資をしなくてもいいように、セーフティネットを充実させるのが政治家なのであって、自己責任の最たるものである投資を呼びかけるなんて、政治家と思えないですよ。「それなら政治家いらんやん」と言いたい。

森永　泉さんがおっしゃっていることは全部まともなんですよ。だけど、まともな感覚が、日本の政治家からも、官僚からも消えつつある。

泉　手前味噌ですけど、暴言ばかりの私ですが、それでも選挙で選んでいただいた。私が応援した埼玉県所沢市の小野塚君も、市民の応援を集めて現職候補に圧勝できた。それを思うと、まだまだ日本は捨てたものではない、可能性はあるという思いますよ。

私は、選挙というものはまさに可能性の宝庫であり、未来を変えていく入り口だと思っています。国民の皆さんには諦めを希望に転換し、「自分たちが声を上げて動けば、ちゃんと社会は変えていける、私たちの生活も良くなるんだ」と思って、積極的に投票に行ってもらいたいですね。

森永　まず、今の政党を叩き直さないと日本が変わらない、ということは間違いないでしょう。

泉　おっしゃるとおり、財務省を中心とした官僚と、与野党問わず永田町の古い政治家、権力と化した大マスコミ。このあたりは何とか動かさないといけないですね。

ただ、去年ぐらいから一気に世論は変わってきていて、だからマスコミも2、3年前の論調と変わらざるをえなくなってきているのを感じます。何が何でも「国民の負担増とか、消費増税は良いこと」みたいな論調は少し収まってきている。変わり目が来ているのかなと思っていますけどね。

森永さんが『ザイム真理教』を書いたことで、目覚めかけている状況ではないですか。

森永 だけど、本で書いたことの内容を取り上げた新聞もないし、テレビ局もないし、大手雑誌もない。

泉 新聞社もダメですか。テレビだけじゃなくて。

森永 「書店のベストセラーランキング」の記事としては出るんですよ。

泉 それでも紹介されないんですか。

森永 中身は一切紹介しない。

泉 何なんでしょうね。それは暗黙の了解みたいなことなんですよね。触れてはいけないというタブーになっているんですかね。

森永　そうそう、珍しく書評が出ていたのですが、それを読んでいて思わず噴き出しました。「この本はタブーに切り込んでいる。それが世間の大きな評価につながっているんだろう」と書いているんですけれど、そのタブーが一体何なのかは一言も書いてないんですよ。「あなたたちが、そういうタブーにしているんだろう！」と言いたい。

泉　何なんでしょうね。それは。

森永　もう日本のメディアはダメだと思っていますよ。ジャニーズの性加害問題を動かしたのは、イギリスの報道局のＢＢＣじゃないですか。その関連で私は海外メディアのインタビューを受けたんですよ。そこでは本の内容に絡めて、「日航機１２３便墜落事件」の話もしました。

　本当にその時は治療がつらい時期で、10分喋るのも限界に近いぐらいだったけれど、結局、15分ぐらいインタビューを受けたのかな……。大げさではなく、本当に死にかけている時に、本当に命をかけて話をしたんです。

でも、異常な圧力が海外メディアにまでかかって、結局放映されなかったんです。だから、とてつもないですよ、この圧力というのは。

泉　それこそ私が昔、『朝まで生テレビ』で原発の是否をやって、あの瞬間まで完全にタブーでした。原発の是否を議論したらいけなかったし、原発は常に正しいという時代だった。でも、変わるときは変わるんですけど、いまは変わり目ではないですか？

森永　この数年間、朝生にもずっと言ってきたんですよ。「日航機123便墜落問題」を議論しましょうと。田原さんは、「この番組にはタブーはない」とこの間も発言されていたんですけど……。

泉　両陣営とか、いろいろ立場の違いも含めて、それこそ検証番組やればいいんですけどね、そこまで勇気がないのかな。

森永　どう考えても、おかしなことがおこっているとしか思えないですね。

死を意識すると生が強くなる

泉　その朝生ですが、私の恩師、民主党（当時）の石井紘基さんとの出会いにつながります。資料を探しに高田馬場の書店で本を探していると、石井さんの『つながればパワー』（創樹社刊）という著書をみかけたのです。こんな政治家がいるのかと驚きました。

石井さんは安保闘争を機に政治家を志し、社会党の活動に加わってモスクワの大学に留学したほどです。当時のソ連はペレストロイカのまっただ中で、言論・報道の自由を認めるグラスノスチ（解放）を進めようとしている時代でした。

しかし、現地でソ連の内情を知る石井さんは日本もソ連と同じような官僚制がはびこっていると書いていて、「……官僚のほうが政策上のイニシアティブを握っている国というのは、私の知るかぎり先進国では日本だけである」と書いています。石井さんは、当時すでに状況を憂いていたわけですが、今はもっとひどくなっているのかもしれません。

私が読者として手紙をお送りしたら連絡をくださり、お会いしてすぐに私は仕事を辞め、選挙の手伝いをするようになりました。

そのときの総選挙で、結局石井さんは落選をしてしまったんですが、石井さんは私に「司法試験を受けて弁護士になりなさい」と言ってくれました。「弁護士になって、明石に戻り、人のために尽くしなさい」と背中を押してくださった。石井さんとの出会いがなかったら、今の私はないでしょう。

でも、2002年に石井さんは自宅の前で不可解な殺され方をしてしまった。カバンを持っていた指を切られて、現金を持っていかずに手帳だけ持ち去られたことがわかっています。実行犯はつかまっていますが、実情は完全に謎のまま葬り去られて、動機は金絡みということで葬り去られてしまいました。

犯人は後になって、テレビ局のインタビューで「人に頼まれて殺した」と言ってるんですよ。それがドキュメンタリーで流れたのに、そのあとピタッと報道が止まってしまい、誰もそれを問わなくなった。

この9月に私は、石井さんのことを書いた本『官僚国家日本の闇』を出版しました。タブーと言われたテーマでも、取り組みたいという気持ちがあるので、もう1回、議論を起こしたいと強く願っています。

森永　泉さんのようにピンピンされてる方がやるのは非常に危険ですよ。本当に何があるかわかりません。私は、今最強のカードを手に入れている。「もうすぐ死ぬやつを殺しにくるやつはいない」。だから今は治外法権になっています。

泉　腹をくった強みというか、本物の強みというのか。すごいですね。むしろ、死を意識すると生が強くなるというか……。
それこそ、森永さんが新党の党首になって、「タブーをぶち壊し、真実の政治をやる」といって、国民のために全身全霊を注げば、一気に日本が変わるかもしれません。やっぱり本物の強みです。私利私欲ではなく、真実を追いかけるというのがやはり強いですね。

森永　ただ、余命3、4か月でできることもあれば、やはり限られることもあります。改革にはある程度の時間が必要になりますから。だから私はもうゲリラに徹します。命をかけて「ベトコン」になるしかないというのが、今の決意なんです。

泉　立場は少し違うでしょうが、私も自分にできることは精一杯やって、国民のほうを向いていれば最終的に目的は達成できると信じています。

森永　諦めないでください。

泉　がんばりましょう！

森永　この本の最後に、私が影響を受けた歌を紹介させてください。永六輔さんが『生きるものの歌』という歌を書いていて、「殺されなくても人は死ぬ。誰もがいつか別れていく。だからその後のことっていうのを考えないといけないんだ」というメッセージを残しているんです。

永六輔さんは放送作家の先駆けで、テレビ・ラジオを中心に活躍され、一時は政治活動をされていたこともありました。

１９９４年に刊行された『大往生』（岩波書店）は一大ベストセラーになりましたが、「人はかならず死ぬ、人間らしい死を迎えるために、深刻ぶらずに老いや病気、死について語り合おう」と、庶民の言葉を書き綴ったものでした。永さんは２０１６年に亡くなりましたが、亡くなる10日前までラジオに出演されていました。

永六輔さんは『上を向いて歩こう』とか、『こんにちは赤ちゃん』『遠くへ行きたい』など、昭和を代表する歌をたくさん書いていますが、この歌は、ご自分で歌を歌ってるんですよ。私はそれに強い影響を受けたので今回の本の最後にぜひ紹介したいんです。「生きるもの」として精一杯生きて、歌うように次世代に引き継いていく。それに尽きますね。

生きるものの歌（いきるもののうた）

永六輔

あなたが　この世に生れ
あなたが　この世を去る
わたしが　この世に生れ
わたしが　この世を去る
その時　愛はあるか
その時　夢はあるか
そこに　幸せな別れがあるだろうか
あるだろうか

もし世界が平和に満ちていても

悲しみは襲ってくる
殺されなくても人は死に
誰もがいつか別れてゆく
世界が平和でも
悲しい夜はくる
誰もが耐えて生きてゆく
思い出と　歌が
あなたを支えてゆくだろう

あなたが　この世に生れ
あなたが　この世を去る
わたしが　この世に生れ
わたしが　この世を去る
その時　未来はある

その時　涙がある
そこに　生きるものの歌がある
歌がある

ＪＡＳＲＡＣ許諾申請中

おわりに──憧れの森永さんの思いを引き継いで

泉 房穂

命を燃やしている。

お会いする前からずっと憧れの存在だった森永卓郎さんと、ラジオ番組とこの対談で数回のお話をすることができ、私の心に浮かんできたのはそんな言葉です。

お話をさせていただくと、真摯な思いと使命感が満ちていて、同時に、ある種の心地よさとか、純粋な好奇心や愛情に基づいているのが伝わってきます。病気を抱えているとはいってもまったく悲壮感がなく、好きなこと、やるべきことをひたすら追求していらっしゃる姿はうらやましいくらいです。

まさに「誰よりも生きている」。そんな思いになります。

もともと大学の先輩ですし、昔からご活躍は存じ上げていましたから、忖度せずに自分の主張をはっきりおっしゃる姿は憧れでした。

以前、話題の『ザイム真理教』を手に取ったところ、国の子育て支援や介護負担の軽減が進まないことを訴えた私のツイートを取り上げてくださっている数行を見つけ、感激に心が震えたものです。

そして、2023年末、ステージ4のすい臓がん（当初）で抗がん剤治療を始めるというニュース報道を目にして、そこに「桜の花が見られないかもしれない」という余命宣告があったことに、心からの思いを込めて「ぜひ桜を見てほしい」というツイートをした立場ですが、夏を過ぎても、誰もついていけないようなスピードで、膨大な仕事量をさばきながら、どんどん前に向かっている姿を後ろから追いかけている気持ちです。

何より尊敬を覚えるのは、早い段階から自分の目を信じ、経済アナリストとしての信念と庶民の目線を貫いて、忖度せずに、長年にわたって第一線で社会的影響力をお持ちになっていることです。

よく冗談めかせて、干されたなんておっしゃいますが、著書のシリーズは飛ぶように売れていて、「伝えるべきことを」というブレない姿勢を見るにつけ、手放しに「なんて格好いいのだろう」と感じます。

しかも、楽しんでいて、お声が明るく、人間的な魅力にあふれていらっしゃる。

誤解を恐れずにいえば、ご病気になられてからは、さらに加速して走り続けている姿に凄みを増していると思うばかり。

そんな森永さんと、私にとっても大事な局面で対談して本を出せるなんて、こんなに光栄なことはないと思っています。

私は、国民のもとにお金を残す政治をしたいと思っていて、どんな場面でもそれを伝え続けています。

財務省をはじめとする官僚政治や、前例主義、横並び主義にまみれた行政や政界のあり方にはつくづく嫌気がさしていて、いいかげんにしてほしいと思うのです。

だからといって、私は諦めていません。

腹をくくって、体当たりで日本の病巣をはっきりと指摘し、根本から変えていかないとこの国はダメになると声を上げる森永さんとは共通の思いがあり、何をどう変えていったらいいか、真剣にご相談申し上げてきました。

そこで思い浮かぶのは、アンデルセンの「裸の王様」の物語です。

ピかピカの新しい洋服で着飾ることが大好きな王様なのですが、世界で一番の布が織れると名乗る詐欺師がやってきて、「これはバカには透明で見えない特別な布なのだ」と言います。王様は自分がバカだと認めなくないために「素晴らしい布だ」と言い、大臣たちは王様に忖度し、ただ持ち上げているだけ。そこに1人の少年がやってきて、「王様は裸だ！」と見たままを告げるというお話です。

そのお話で言うなら、森永さんは、自分は王様は裸だと叫ぶ少年だと言います。

私は、これから20年を切り開いていかなければいけないと思っていますから、王様が裸であることを認識しつつ、どうやってまわりに王様が裸であることがわかってもらえるだろうかと、冷静に考えている状況です。

今の日本は、本当は裸なのに、誰もそれが言えない状況なのです。

「見てごらん、王様は裸だよ」と言っても、信じてもらえるとは限りません。

多くの人は心の中で（見えないけど、もしかして裸じゃないのかな？）と思いながら、自分の目を信じられず、周りの噂だけを信じて、「きれいなお召し物やね、色は何色なの？」とまわりに聞いているのですが、真実は裸なのですから、見えるはずがないのです。

そこで私の役割は、「ねえ、みんな、本当は裸なんやで、こそっ」という感じで、少しずつ真実を明らかにしていく。その味方をもっと増やさないといけないと思っています。

もし味方が少ない状態で乗り込んでも、王様やまわりの家来たちが逆切れして「逮捕だ！」と捕まるだけじゃなく、一族郎党含めて抑えつけられてしまったら、一巻の終わりです。

闘いは闘いです。そこは勝たなくてはいけませんから。

森永さんとは「王様が裸である」ことの認識は一致しているんです。

今の日本を鑑みると、裸でありながら王様であり続けているのを「もう王様の時代は終わりだよ」と引導を渡すことが必要です。

「あんな裸でいる王様なんて」と噂をしたり、ただはやし立てるだけではだめなんです。

ザイム真理教は、見えない衣装を褒め称え、「素晴らしい布でできていますね」と持ち上げ、王様に嘘と誤解を吹き込み、裸で歩かせている愚かな家来でしょうか。裸でありながら、そのことに気づかない王様と、自分の都合のいいように王様を操ろうとする家来たちにこの国をゆだねず、そして王国から共和国に変えて、自分の意見を自由にいえる公平な世界をつくり、その中から選ばれた代表が王様にかわって国を率いていく、そんな未来を思い描いています。

森永さんは、おろかな支配者たちを突き上げるだけでなく、リスクやギャンブルに身を任せることの危険を真摯に訴えます。そして、食べるものやエネルギーを自分でつくり、自然を愛でながら、豊かに暮らす方法も指し示してくれています。

森永さんが切り開いた道と、そこにかける思いをしっかりと受け継いで、それを広く伝えていく使命を感じています。

可能な限り、ともに進んでいきたいという気持ちです。

【著者略歴】

森永卓郎（もりなが・たくろう）

経済アナリスト。獨協大学経済学部教授。1957年東京都生まれ。東京大学経済学部卒業。日本専売公社、経済企画庁、UFJ総合研究所などを経て現職。執筆をはじめ、テレビやラジオ、講演など多方面で活躍。2023年末に原発不明がんを公表し、現在、闘病生活を送る。著書に『森永卓郎の「マイクロ農業」のすすめ』（農文協）、『ザイム真理教』『書いてはいけない』『がん闘病日記』『投資依存症』（以上、フォレスト出版）、『遺言』（岸博幸氏との共著、宝島社）など多数。

泉 房穂（いずみ・ふさほ）

弁護士、社会福祉士、前明石市長、元衆議院議員。1963年兵庫県生まれ。東京大学教育学部卒業。NHK、テレビ朝日でディレクターを務めた後、石井紘基氏の秘書を経て、1997年に弁護士資格を取得。2003年に衆議院議員に。2011年5月から2023年4月まで明石市長。著書に、『「豊かな日本」は、こう作れ！』（藤井聡氏との共著、ビジネス社）、『政治はケンカだ！』（講談社）、『社会の変え方』(ライツ社)、『子どものまちのつくり方』（明石書店）、『官僚国家　日本の闇』（集英社新書）など多数。

編集協力：杉浦美佐緒

ザイム真理教と闘う！救民内閣構想

2024年11月14日　　　第１刷発行

著　者　森永卓郎　泉 房穂

発行者　唐津 隆

発行所　株式会社ビジネス社

〒162-0805　東京都新宿区矢来町114番地 神楽坂高橋ビル5F
電話　03（5227）1602　FAX　03（5227）1603
https://www.business-sha.co.jp

〈装幀〉大谷昌稔
〈本文組版〉有限会社メディアネット
〈印刷・製本〉三松堂印刷株式会社
〈営業担当〉山口健志
〈編集担当〉中澤直樹

ISBN978-4-8284-2676-1